I0099304

MUJERES SIN LÍMITES

Zelided Santiago

Vida®

*La misión de Editorial Vida es ser la compañía líder en comunicación cristiana que satisfa-
ga las necesidades de las personas, con recursos cuyo contenido glorifique a Jesucristo y
promueva principios bíblicos.*

MUJERES SIN LÍMITES
Edición en español publicada por
Editorial Vida – 2009
Miami, Florida

©2009   por Dra. Zelide Santiago

Edición, diseño interior: *Gisela Sawin*
Diseño de cubierta: *William Hernández (ShekinaStudios.com)*

RESERVADOS TODOS LOS DERECHOS. A MENOS QUE SE INDIQUE LO CONTRARIO,
EL TEXTO BÍBLICO SE TOMÓ DE LA SANTA BIBLIA NUEVA VERSIÓN INTERNACIONAL.
© 1999 POR BÍBLICA INTERNACIONAL.

ISBN: 978-0-8297-5564-0

CATEGORÍA: *Vida cristiana / Mujeres*

CONTENIDO

Dedicatoria 5

Agradecimientos 7

PRÓLOGO 1
Rvda. Ilean R. Caraballo 9

PRÓLOGO 2
Dra. Mercedes Arias Feliciano 11

PRÓLOGO 3
Dra. Myra Santiago de Ramos 13

PRÓLOGO 4
Rvda. María Lemus 15

Introducción 17

CAPÍTULO 1
El lugar de la mujer hoy 19

CAPÍTULO 2
Mujeres con impulso 29

CAPÍTULO 3
Mujeres sin límites 45

CAPÍTULO 4
Mujeres de acción 63

CAPÍTULO 5
Protege tu potencial 77

Conclusión 89

Contenido

Dedicatoria ....

Agradecimientos ....

Prefacio ....

Prólogo ....

Capítulo 1 ....

Capítulo 2 ....

Introducción ....

Capítulo 3 ....

Capítulo 4 ....

Capítulo 5 ....

Capítulo 6 ....

Conclusión ....

DEDICATORIA

En primer lugar dedico este libro a mi familia, quien me ha ayudado a ser la *Mujer sin límites* que soy hoy. Ustedes me han apoyado e impulsado a cumplir con el propósito de Dios para mi vida.

A mis padres, que hoy están en la presencia del Señor, Eva y Neftali Negron, quienes en mi niñez sembraron la poderosa semilla del evangelio y me enseñaron a amar al Señor sobre todas las cosas.

A mi amado esposo, por darme 33 años llenos de felicidad y amor, y quien merece mi respeto y admiración por su ejemplo de humildad y fe que ha marcado mi vida y la de nuestros hijos. Gracias por motivarme a ROMPER LOS LÍMITES, por impulsarme a recibir milagros con una FE EXPLOSIVA, por enseñarme a creer en la PATERNIDAD ESPIRITUAL, por mostrarme cómo alcanzar el éxito aplicando los CÓDIGOS DE SABIDURÍA, y por declarar para nuestra familia y ministerio FINANZAS SIN LÍMITES.

A mis tres tesoros: Karely, Kerwin y Karem, porque han sido una inspiración para alcanzar mis sueños y siempre han trabajado mano a mano en el ministerio para que se pueda cumplir el sueño de papá y mamá, sabiendo y creyendo que los suyos serán cumplidos.

A mis cinco preciosos nietos: Kiana, Jared, Katiana, Karena y Zelimar. Ustedes son la alegría en esta etapa de mi vida.

A todas las esposas de pastores, como yo, que por muchos años se han sacrificado y han trabajado para que se cumplan los sueños de su esposo. Hoy mientras lees este libro, se despierta en ti el potencial, tus sueños se cumplen y serás la mujer sin límites que el Señor diseñó que fueras.

Agradecimientos

A mi suegra, Olga Santiago, por ser madre, consejera, amiga en las buenas y en los momentos más difíciles. Sus oraciones y motivación me han ayudado a creer en mí misma.

A mis hijos políticos, mi nuera Lizette y a mis yernos José y William, por aceptar el reto y ser eslabones preciados en este ministerio, y por amarme y hacerme una «Suegra sin límites».

A mis amigas, mujeres de unción, autoridad y profetas, Mercedes Feliciano e Ilean Caraballo, por haber declarado sobre mi familia y mi persona palabras proféticas que se han cumplido y están marcando familias, ministerios y naciones.

A Esteban Fernández, amado pastor de la Iglesia Casa Roca y ex presidente de Editorial Vida. Junto a su esposa Patricia han impartido bendición sobre nuestro ministerio. Gracias por ser siempre sensibles a la voz de Dios y haberme animado e impulsado a escribir este libro.

A Gisela Sawin, por su excelencia en la edición de nuestros libros.

A Jobita Crespo, por sus años de esfuerzo y dedicación a E.S. Ministries, en especial al Ministerio ÚNICAS.

Al pastor Tony Santiago, por su disposición y ayuda incondicional en la corrección de este libro.

A William, mi yerno, quien diseñó la hermosa portada de este libro que hoy tienes en tus manos.

A todas las «Mujeres sin límites» de Tabernáculo Internacional por su respaldo, fidelidad y compromiso al ministerio. Ustedes son el mejor equipo para cumplir la visión de nuestro ministerio.

Al amor de mi vida, Edwin Santiago, por aportar de su sabiduría y conocimiento en mí.

Prólogo 1

Toda mujer necesita escuchar palabras que le lleguen a los tuétanos y hagan despertar en ella la esperanza de revivir los sueños olvidados. Este libro nace de una larga jornada de experiencias que enfocaron el corazón de la autora a impartir a esa mujer desanimada, despreciada o llena de temores e inseguridades, un rayo de luz en medio de un túnel oscuro y aparentemente sin salida.

Conocí a Zelided hace muchos años, mientras trabajaba con mujeres de diferentes trasfondos culturales y que venían desde innumerables veredas, y convergían en un punto céntrico de verdades y vivencias compartidas. En ese centro esperaba Zelided con un equipo de trabajo, del cual en varias ocasiones formé parte, para ministrarles, hacerlas reír, dejar atrás el equipaje de lágrimas y dolor que muchas traían, y luego despedirlas llenas de nuevos bríos por avenidas de danzas.

Mujer sin límites encierra verdades bíblicas que responden a un sinnúmero de preguntas y mitos que por años han sido impartidos rebajando el valor de la mujer que Dios ha creado a su imagen y semejanza. Compartirás principios de valores espirituales que ayudarán a traer al centro de la voluntad divina a muchas mujeres más que se convertirán en baluartes reconocidos en nuestro patio común y otros foros públicos.

En sus páginas verás que la mujer tiene *un lugar en Dios*

y que es *acepta en el Amado para la alabanza de la gloria de su gracia* para llegar más allá de los límites de las barreras humanas y alcanzar la inmensidad de las riquezas ilimitadas del cielo.

Rvda. Ilean R. Caraballo
Pastora, profeta y evangelista internacional

PRÓLOGO 2

Me ha impactado fuertemente la intención de este libro de crear una concientización profunda y convincente a la mujer de quien es ella en Dios, motivándola a alcanzar su destino, desarrollando su potencial en todas las áreas y conociendo sus valores para alcanzar su destino profético.

Te encontrarás frente aun verdadero desafío para ubicarte valientemente sin prejuicios en la posición a la cual ha sido llamada como mujer de reino, impulsada a brillar en tu generación e influir en las venideras.

Dios dio a la mujer desde el principio, el potencial profético para ser un recipiente de creación, formación y multiplicación divina.

En este libro podrás entender que Dios te ve como una aliada de planes divinos y que Satanás te ve como una amenaza, declarándote la guerra para tronchar tu destino. Por esta razón, este libro es como una puerta de motivación personal, porque te enseñará el plan que Dios tiene contigo. En el área donde te muevas serás una herramienta de su diseño divino.

En estas páginas encontrarás palabras de inspiración para la mujer de cualquier edad. Aprenderás a decirle no a la intimidación, no al rechazo, no a la marginación, no al pasado doloroso, no a la depresión, porque el mismo Jesús es el que te adiestra para la batalla que derribará la oposición en tu hogar como esposa, madre, mujer cristiana y ciudadana. Zeli, te has dejado usar para bendecir a millones de mujeres que al leer tu libro sus vientres espirituales serán activados por una semilla profética de su legado, bendigo a Dios por tu vida.

Dra. Mercedes Arias Feliciano
Profeta y Evangelista Internacional

PRÓLOGO 3

Mujeres sin límites es el primer libro de Zelided
Santiago. Aclamada conferenciante, dedicada
madre y esposa. Durante los últimos años ha
desplegado una incesante labor en favor del ministerio a la
mujer. Su apretada agenda la ha llevado a una amplia varie-
dad de escenarios con un mensaje de fe y esperanza para la
mujer hispana. Ella reconoce el potencial y valor ilimitado
de la mujer, mientras las anima y exhorta a explotar todos los
recursos divinos que les han sido conferidos en Cristo Jesús.

Ella ha aceptado el desafío que impone su papel de
madre y esposa con la dedicación, pasión y entrega que es
evidente en todas sus labores. A pesar de las dificultades y
luchas que ha enfrentado como esposa de pastor, madre
de tres hijos adultos y abuela de cinco nietos, siempre ha
mantenido una perspectiva brillante ante las circunstancias y ha encontrado valiosos recursos en Dios. Su legado
de fe y su testimonio la hacen una voz autorizada con clara
revelación divina.

Este libro es una rica fuente de recursos del cielo, sabios
consejos e ilustraciones que te ayudarán a comprender el
potencial ilimitado que Dios ha depositado en ti. En sus páginas te encontrarás retratada, y conocerás secretos divinos
que te serán de ayuda en tu caminar cristiano. Te proveerá
de llaves, principios y recursos que romperán los límites en
tu vida y te desatarán de temores e inseguridades.

Su lenguaje es vivaz, de pronta comprensión e ingenio, y directo al fondo de tu necesidad. Estoy segura que *Mujeres sin límites* transformará tu vida y te dará una perspectiva de fe y victoria que te ayudarán a activar la grandeza que ya existe en ti. Prepárate para una experiencia única a través de estas páginas.

Al publicar este libro su autora desea llenar las necesidades de las mujeres cristianas de esta generación, y traer honra y gloria a Dios el Padre y Dios el hijo, por cuya revelación se ha desarrollado este valioso mensaje.

Dra. Myra Santiago de Ramos
Maestría en Educación de la Universidad de P.R.
Educadora, Evangelista, Conferenciante

Prólogo 4

Una noche preparando mi conferencia para Únicas. Dios me dio un sueño muy significativo. Frente a mí estaban dos mujeres sentadas. Una muy joven y otra de más edad. Pero en la más joven había algo muy peculiar, la más joven estaba llena de espinas largas y agudas. Mi corazón se llenó de compasión por ella. Me acerqué a remover sus espinas cuando noté que la otra mujer de más edad, con su pelo descuidado y su mirada ausente, se mecía mientras acariciaba en sus brazos una muñeca.

Este sueño ha quedado grabado en mi espíritu, y el Señor me ha dicho que esta es la gran necesidad de las mujeres. Están llenas de heridas que se les han infligido y no han sido sanadas. A otras muchas les fue robada su infancia por los abusos en su niñez, y siguen atrapadas en su pasado.

Este es el propósito del gran evento de Únicas que se celebra cada año y el cuál Dios hizo nacer en el corazón de mi pastora Zely Santiago. Año tras año consecutivo ha traído palabra revelada, fresca y sanadora para los corazones de estas mujeres necesitadas.

Rvda. María Lemus
Predicadora y evangelista, Houston, Texas

Introducción

Como mujeres envueltas en un mundo lleno de presión, a veces nos sentimos incapacitadas por el tiempo que demanda cada una de nuestras responsabilidades. Queremos cumplir con todo y manejar bien el tiempo para desarrollar cada una de las áreas que cubrimos, como madres, esposas, en el trabajo secular y el liderazgo en la iglesia. Sin embargo nos limitamos en lo personal y en nuestro tiempo de calidad con el Señor. Yo he experimentado estos momentos de frustración que quizás tú estés viviendo ahora.

Después de muchos años el Señor me ha mostrado lo que es ser la *Mujer sin límites* que él diseñó para que yo fuera desde el principio. Una mujer transformada por el Espíritu Santo para ser efectiva y hacer una diferencia para el Reino.

Los retos que enfrentamos en el diario vivir nos llevarán a ser mujeres de influencia, propósito y destino.

Mujeres sin límites son mujeres *únicas*, con un potencial sin límite que: unen, nutren, impulsan, conquistan, afirman y sirven.

Dra. Zelided Santiago
Educadora y conferenciante
E.S. Ministries Inc.
Pastora Tabernáculo Internacional
West Palm Beach, Florida

CAPÍTULO 1

El lugar de la mujer hoy

«Muchas mujeres han realizado proezas, pero tú superas a todas»

PROVERBIOS 31:29

En la Grecia de Platón y Aristóteles, ser mujer no era algo deseable. Las mujeres tenían el mismo status social que los esclavos. Sin embargo, cuando Dios te creó tuvo un cuidado especial. Reprodujo todo lo que él es, en ti. Eres acepta en el Amado para la alabanza de la gloria de su gracia. Eres digna, porque te ha perdonado y limpiado de tu pecado. Eres idónea en Jesús, quien te hace apta para toda buena obra. Hoy tienes una posición y un lugar en Dios.

Debes desarrollarte y crecer creyendo que el Espíritu Santo desatará la iniciativa creadora que el Señor ha depositado en ti, para que a través de tu vida puedas expresar a Dios. Tú eres su creación original.

De nada vale intentar ser lo que Dios no quiso que fueses. Tú tienes dones que ejercitar y un lugar de privilegio para ocupar.

Hay mujeres santas y sobresalientes a lo largo de las Escrituras. Sin embargo, ¿quién es esa mujer que ha hecho más que Débora, la consejera en medio del fragor de la batalla; que Rut, símbolo de la lealtad; que la reina Ester, quien arriesgó su vida por el pueblo al que pertenecía? ¿Quiénes son aquellas mujeres que han ocupado su lugar para dar cumplimiento a lo mejor que había en ellas? Pues quiero decirte que son mujeres como tú y yo. El Señor siempre te ha dado honra y un valor especial.

Sin embargo, la sociedad y el mundo entero han puesto todos sus esfuerzos para denigrar la figura de la mujer en diferentes formas y aspectos, no reconociendo su estima y su valor verdaderos.

La realidad es que ni esta sociedad en la que vivimos, ni el mundo que nos rodea, ni los hogares de hoy pueden marchar con su curso normal si cada mujer no está ubicada correctamente en el lugar que tiene asignado por Dios.

Cuando una mujer no halla su lugar dentro del plan de Dios para su vida, el caos es inevitable. A veces puede deberse a no querer asumir responsabilidades; o bien, no se sienten capaces para el rol que deben cumplir.

Pero hoy Dios nos está llamando a un tiempo nuevo, en el cual tendremos que dejar de lado los prejuicios y abandonar los conceptos y estandartes humanos del machismo y feminismo que se han levantado en estas últimas décadas.

Esto no debe confundirse con liberación femenina o cambio de roles. Simplemente es ubicación divina. No se trata de mujeres superadas impulsándose a sí mismas por medio de competencias vanas, sino que es Dios mismo quien activa nuestro espíritu para alcanzar nuevos desafíos y cumplir nuestro destino eterno. ¡Hoy es tu tiempo!

La mujer en el hogar

Dios te ha ubicado estratégicamente en tu hogar. No para que seas una mucama, una esclava o un objeto más de la decoración y del mobiliario, sino como esposa y madre.

Estas son las dos funciones básicas y decisivas que como mujer deberás desempeñar, y salir airosa al enfrentar cada día y su rutina.

El desafío de ser esposa

Creo que es propicio recordar a los hombres que cuando acordaron casarse lo hicieron con una esposa, no con una madre. Ambos dejaron de ser dos para convertirse en uno. Tú no eres de una categoría menor a la de tu esposo. Los dos se encuentran en el mismo nivel de igualdad.

El Señor desea, entonces, ubicarte en el hogar como la esposa perfecta que eres en él.

El libro de Proverbios escrito por Salomón hace una descripción incomparable de la mujer ejemplar. En ella hay virtud que se evidencia en cada cosa que emprende: *«Mujer ejemplar, ¿dónde se hallará? ¡Es más valiosa que las piedras preciosas! Su esposo confía plenamente en ella. [...] Ella le es fuente de bien, no de mal, todos los días de su vida. [...] Su esposo es respetado en la comunidad; ocupa un puesto entre las autoridades del lugar. [...] Se reviste de fuerza y dignidad, y afronta segura el porvenir. [...] Cuando habla, lo hace con sabiduría; cuando instruye lo hace con amor. Está atenta a la marcha de su hogar. [...] Su esposo la alaba. [...] La mujer que teme al Señor es digna de alabanza»* (Proverbios 31: 10, 11a, 12, 23, 25, 26, 27a, 28b, 30b).

Dios te ha ubicado en el lugar que debes ocupar dignamente; y tu esposo es honrado con tu presencia.

Tú eres su complemento, de la misma manera que él es el tuyo. Como pareja son un equipo, y juntos pueden lograr cosas grandes para Dios. El Señor levantará hombres y mujeres, esposos y esposas íntegros que se desempeñen siendo una sola carne, en un vínculo perfecto de unidad en él.

El desafío de ser madre

El arte de ser madre no está ceñido únicamente al engendrar y dar a luz hijos. De hecho, existen mujeres que han tenido muchos hijos y esto no las ha consagrado como madres.

Una madre verdadera es aquella que puede influenciar a los hijos preparándolos para enfrentar los desafíos por venir.

Si Dios te ha bendecido con la gracia de tener descendencia y ha llenado tu aljaba de hijos, debes saber que también te ha dotado de algo invisible que se llama «influencia». Esto no es otra cosa que esa fuerza, ese carácter que afecta, altera, modifica e incide en los que te rodean.

Quizás tu esposo todavía no sea ejemplo en tu hogar; sin embargo, tú debes continuar sirviendo al Señor. Por eso es necesario que encuentres tu lugar adecuadamente. Ese lugar no se consigue gritando o peleando, sino afectando y modelando los valores morales y espirituales en tus hijos.

Absolutamente todo lo que se halla a nuestro alrededor influye en nuestras vidas de una u otra manera. Es nuestra responsabilidad cuidar y velar por las vidas de nuestro esposo e hijos, ejerciendo incidencia en cada asunto particular con la guía y directiva de Dios.

Tú eres ese canal de bendición y luz que tu hogar necesita. Sé un faro para tu familia. Enseña a tus hijos, creando en ellos la capacidad de aprender valores espirituales, comprendiendo y tratando a tu esposo con amor. Demuéstrales que lo que predicas afuera es lo que vives cada día en tu hogar con la ayuda del Señor. Busca a Dios en tu intimidad. Milita; no te canses. Tus hijos descubrirán entonces que Cristo está vivo. Así lo amarán y seguirán.

LA MUJER EN LA SOCIEDAD

En los tiempos que corren, Dios ha ubicado a las mujeres no solo en el hogar, sino también en la sociedad. ¡Gracias damos al Señor por aquellas que han sabido aceptar el reto de plantarse frente a un mundo y una sociedad que permanentemente conspira y confronta contra el verdadero rol y lugar que cada mujer tiene y debe ocupar!

Estas mujeres han podido vencer la discriminación y atravesar sus limitaciones personales, destacándose en la política, las artes y las ciencias.

Cuando el rey Salomón escribió el poema acerca de la mujer virtuosa, estaba hablando de una mujer íntegra en su carácter, honesta, pura y experta en cada cosa que desempeñaba. Ella era dueña de un virtuosismo capaz de influenciar todo su entorno y de destacarse en pequeños emprendimientos con talentos y dones propios: «*Anda en busca de lana y de lino, y gustosa trabaja con sus manos. [...] Calcula el valor de un campo y lo compra; con sus ganancias planta un viñedo. Decidida se ciñe la cintura y se apresta para el trabajo. Se complace en la prosperidad de sus negocios. [...]*» (Proverbios 31:13, 16-18).

Es evidente que esta mujer contaba con la gracia y el favor de Dios sobre su vida. Y tú debes saber que esa misma gracia está vigente hoy para ti.

En el mundo dè hoy, priman las estrategias egoístas e inescrupulosas; las manipulaciones, la lucha por el poder y las competencias humanas. Todas ellas sacan lo peor de cada persona. Sin embargo, lo único que tú debes hacer es creerle a la Palabra profética que viene de parte de Dios para tu vida y tu familia.

El Señor está ubicando a diferentes mujeres en todo el mundo en lugares magistralmente seleccionados, y esto abarca el sistema político, económico, social y cultural. Muchas de ellas serán levantadas y reconocidas como mujeres exitosas. Esto es, entendiendo el éxito como un propósito capaz de ser alcanzado y llevado a cabo. Una mujer exitosa es una mujer con propósito.

Pero para que esto suceda y puedas desarrollarte y crecer, debes echar fuera los temores, la baja autoestima y los argumentos contrarios a Dios. Es necesario que cambies tu patrón de pensamientos y que tu mente sea renovada en su espíritu. Enfrenta y emprende las cosas que el Señor entrega en tus manos. No mires hacia atrás. Extiéndete a lo que está delante.

Dios está despertando tu espíritu y activando los dones que por su Santo Espíritu fueron depositados en ti. Él te ha ubicado en el mundo para ser un agente de cambio y bendición.

Vive en la dimensión de la fe a la que te está llamando. La victoria está asegurada, pues Cristo mismo va al frente. Echa fuera el temor y el miedo al fracaso; y camina en la certeza que Jesús está contigo.

LA MUJER EN LA IGLESIA

Es real que la Iglesia no podría subsistir sin Cristo. Y tanto varones como mujeres pertenecemos a ella.

Muchos han opacado y hasta anulado la participación femenina dentro de la Casa de Dios por una mala interpretación de las Escrituras. Basan su postura en la primera carta que el apóstol Pablo escribe a Timoteo: «*La mujer debe aprender con serenidad, con toda sumisión. No permito que la mujer enseñe al hombre y ejerza autoridad sobre él; debe mantenerse ecuánime*» (1 Timoteo 2:11-12). La controversia se suscita a partir del versículo 12.

Del texto se desprende que no es que la mujer no puede tener participación y debe permanecer en silencio (ecuánime). Sino que debemos entender cada palabra en su contexto.

La Iglesia en sus orígenes, estaba en formación y creciendo paulatinamente. Pablo consideró que la sociedad a la que le hablaba venía de una cultura pagana, impía e idólatra.

Todas las epístolas de Pablo estaban dirigidas a iglesias. Pero a partir de Timoteo las envía a tres personas en particular: Timoteo, Tito y Filemón. Tanto Timoteo como Tito, eran colaboradores de Pablo en la tarea de evangelizar y levantar iglesias. Su labor era similar a la de los apóstoles; por eso eran itinerantes. Pablo quería instruir a Timoteo sobre el modo de desempeñarse en Éfeso, ciudad en la que se hallaba.

En este sentido de la cultura pagana, la mujer era vista como un objeto sin valor, cuyo dueño era el varón.

Pablo no tenía ninguna tendencia machista ni problemas con las mujeres. Pero, si él hubiera pasado por alto este punto, seguramente la iglesia no hubiera crecido, y por ende se hubiera estancado.

¡Gloria a Dios! ¡El evangelio de salvación trasciende las culturas, las razas y los razonamientos humanos!

Conclusión

Desde siempre, Jesús supo cuál era el lugar que la mujer debía ocupar. Él quebró todos los prejuicios que las excluía. Se rodeó de ellas.

Marta y María, las hermanas de Lázaro, contaban con su amistad. Las mujeres acompañaron todo su ministerio. Fueron sus discípulas y quienes lo asistieron hasta el último suspiro en la cruz del Calvario. Fueron ellas quienes lo vieron por primera vez resucitado y contaron lo sucedido a los apóstoles.

Las mujeres estuvimos presentes en todos los acontecimientos de la vida pública de Jesús. Y esto aún no ha terminado. Por el contrario, ha tomado una trascendencia en lo espiritual que solo podemos vivenciarla en la dimensión de la fe.

Dios ama a su creación y se deleita en ella. Hombres y mujeres son fruto de su perfecta voluntad. Él es el que levanta y llama a sus hijos a ocupar los lugares en los que deben desarrollarse y crecer. Él ha dado ministerios y dones tanto a los hombres como a las mujeres.

Pero es cierto que el Señor ha dotado a su Iglesia de un arma poderosa y arrolladora: El ministerio de la mujer. Y en esa unción del Espíritu, profetas e intercesoras se levantarán y golpearán las puertas de los cielos hasta que sean abiertas y la bendición de Dios sobreabunde.

Tú y yo somos hijas de Dios llamadas a construir y trabajar para su Reino. No te canses. Que tu corazón tome aliento y no desmaye. Todavía queda mucho por hacer. Levanta los brazos caídos y sé ejemplo de trabajo y constancia, con la convicción plena que Dios es fiel y justo para cumplir sus promesas.

CAPÍTULO 2

Mujeres con impulso

No son tus habilidades, tu status social, económico, familiar, tu belleza, tus virtudes, tu femineidad ni tu sexto sentido lo que te hace mujer. Lo que te hace mujer es el cumplir el propósito para el cual fuiste creada, y esto es el de ser influencia poderosa a aquellos que te rodean. Uno de esos propósitos es el de ser complemento a tu esposo si eres casada, ayudándole a cumplir su rol de esposo y padre. También la mujer posee el mas grande de los privilegios, que es el de moldear y nutrir un alma viviente. Su influencia como madre afecta el destino eterno de cada uno de sus hijos. Tan importante es la mujer, que Dios escogió a María para llevar en su vientre al Mesías y redentor del mundo. Recuerda que él también te creo a ti para grandes cosas y para alabanza de su gloria.

Jesús te ama intensamente, y en la cruz del Calvario te dejó demostrado su amor incondicional.

A lo largo de toda la Escritura vemos cómo está plasmado el amor de Jesús por su iglesia, por su pueblo. Pero el Cantar de los cantares representa justamente esta relación amorosa entre el Creador y su criatura. Es el último de los cinco libros poéticos del Antiguo Testamento y es el cantar por excelencia. Entre los estudiosos es considerado como una alegoría, una figura espiritual destinada a mostrar el amor de Dios hacia Israel, su remanente elegido. Por otra parte este libro es también significativo para nosotros los creyentes, pues revela el amor que siente el esposo Jesús por su amada esposa que es la iglesia.

Pero la historia de todo el poema está centrada en el amor recíproco entre el rey Salomón y una sulamita, quienes están enamorados con verdadera pasión.

De la misma manera, Jesús tiene un amor pasional e incondicional por su pueblo; en especial por aquellas mujeres que atravesaron tiempos de invierno en sus vidas, momentos realmente duros y oscuros.

Para ellas, este cantar destaca proféticamente:

«¡Levántate, amada mía; ven conmigo, mujer hermosa! ¡Mira, el invierno se ha ido, y con él han cesado y se han ido las lluvias! Ya brotan flores en los campos; ¡el tiempo de la canción ha llegado! Ya se escucha por toda nuestra tierra el arrullo de las tórtolas. La higuera ofrece ya sus primeros frutos, y las viñas en ciernes esparcen su fragancia. ¡Levántate, amada mía; ven conmigo, mujer hermosa!» (Cantares 2:10-13).

El Señor te está diciendo que el invierno de tu vida se ha ido, y con él las tempestades. Te está llamando a un nuevo tiempo sin limitaciones, tristeza, depresión o situaciones adversas. Lo que estás por comenzar a vivir es una etapa premiada con toda la bendición de Dios.

Él te insta, te llama y te dice: «¡Levántate!». Quiere motivarte con su impulso, un impulso que proviene del mismo Trono de Dios. Esta motivación representa el aliento que nos impulsa a seguir esforzándonos hasta alcanzar la meta. Es el factor determinante para cumplir el propósito para el cual fuiste llamada.

La motivación es aquello que nos hace actuar o nos mueve a hacer una cosa. Está relacionada íntimamente con impulsar, término que abarca otros verbos como: Accionar, lanzar, mover, llevar, conducir, obtener y tomar.

Si te aferras a esta palabra que el Señor trae para tu vida, no solo te sentirás impulsada a ir por más, sino que además asumirás la actitud correcta frente a las diferentes situaciones a resolver en el día a día. Estarás preparada para enfrentar la adversidad y sabrás hacia dónde te diriges con ánimo y constancia, transformando las circunstancias que te rodean.

Es una dimensión nueva y sobrenatural a la que solo llegarás siendo lanzada y propulsada por el Señor. No importa cuán crudo o voraz haya sido el invierno que la vida te permitió experimentar, ya sea en tu matrimonio, en la economía, en tus emociones, en tu familia, en tu cuerpo físico, o bien, en tu soledad. Hoy es tu hora. Esa etapa gris y oscura terminó. Es un tiempo especial, nuevo y glorioso. Ni siquiera lo estabas esperando. Te ha sorprendido. Debes prepararte, porque entrarás en una dimensión que cuenta con toda la bendición de Dios y está premiada por su gracia y su poder.

Cuando algo llega a su fin es porque lo mejor viene después. El tiempo de la canción ha llegado, y las flores están brotando en tus campos. ¿Oyes la voz de las tórtolas? El gozo, la abundancia, la prosperidad, el bienestar y la salud están tocando a tu puerta. Ya no hay por qué esperar más. Lo que tanto soñaste y anhelaste con tu corazón hoy es una realidad en tu vida. ¡Levántate y atrévete a caminar en la dimensión sobrenatural que solo proviene de Dios! Responde con diligencia a su llamado y deléitate en tu Señor, el Dios de tu Salvación.

Características de una mujer valiosa

Cada mujer tiene un valor especial para Dios. Es singular y particular, aún en las circunstancias que se encuentre viviendo.

Muchas mujeres de la historia hebrea comprendieron su identidad y su valor delante de Dios. Y evidentemente, Ester fue una de ellas. Sabía qué era, quién era y por qué se hallaba en el lugar donde estaba. Era resuelta, bella, abnegada, heroica, sabia y valiente.

Ester, del hebreo *«stareh» estrella*, brilló en medio de

situaciones extremas en las que el pueblo de Israel se vio involucrado. Pero su vida pasó por varias etapas; diferentes otoños e inviernos la llevaron de aquí para allá.

Ester era una joven hebrea muy hermosa, llamada originalmente Jadasá. Quedó huérfana desde muy pequeña y fue llevada a Susa, capital del Imperio Persa, por su primo Mardoqueo quien la adoptó como si fuera su hija.

En ese tiempo, reinaba sobre la ciudadela de Susa el rey Asuero, quien estaba casado con Vasti. La reina también era realmente muy hermosa. Un día, Asuero decidió ofrecer un banquete para todos sus funcionarios y servidores, al que asistieron jefes militares, magistrados y gobernadores de las provincias.

Luego de seis meses de festejo, ofreció en el jardín interior de su palacio otro banquete para todos aquellos que se encontraban en la ciudadela de Susa. Los invitados comieron y bebieron vino a raudales, incluido el rey, quien estando muy alegre, ordenó a los eunucos que le servían que llevaran a su presencia a la reina Vasti, ceñida con la corona real. Él deseaba exhibir su belleza ante todos los allí presentes.

Sin embargo, la reina se negó a concurrir; por lo que el rey enfurecido consultó a los sabios conocedores de la ley. Estos deliberaron y concluyeron que la reina Vasti no solo había ofendido al rey, sino también a todos los funcionarios presentes. Y adujeron que si las mujeres del reino se enteraran de la conducta de la reina, despreciarían a sus esposos.

Por lo tanto, Asuero emitió un decreto real con carácter de irrevocable que decía que Vasti nunca se volvería a presentar delante del rey; y que el título de reina sería otorgado a otra mujer mejor que ella. Con este edicto, todo hombre debía ejercer autoridad sobre su familia.

Fue así que Asuero mandó buscar jóvenes vírgenes y hermosas que serían puestas bajo el cuidado de Jegay, eunuco encargado de las mujeres del rey. Cada una de las doncellas recibiría un tratamiento de belleza, y finalmente reinaría en lugar de Vasti.

Ester también fue llevada al palacio del rey y confiada a Jegay junto con otras jóvenes. Pero Ester agradó al encargado del harén y se ganó su simpatía. Todas recibieron su tratamiento de belleza durante doce meses. Y pronto Ester fue asignada con las siete doncellas más distinguidas. Sin embargo ella guardaba secretamente su nacionalidad. No reveló su origen ni sus antecedentes familiares. Mardoqueo le había dado instrucciones claras de no hacerlo. Ella sabía que si lo hacía, su vida correría riesgo de muerte al igual que la de su primo. Una cosa era cierta, los tiempos de tristeza y desazón de su niñez habían pasado, y el propósito por el cual ella estaba en el palacio del rey sería manifestado en breve.

Finalmente Ester fue llevada al palacio real ante el rey Asuero, quien se enamoró de la joven al verla. Ella se ganó su simpatía y aprobación. Halló gracia y benevolencia delante del rey, de tal manera que la ciñó con la corona real y la proclamó reina en lugar de Vasti. Pero de todos modos, su primo Mardoqueo siempre permanecía sentado a la puerta del palacio atento a cualquier cosa que pudiera perjudicar la vida de Ester y del reino.

En ese tiempo había un funcionario llamado Amán que gozaba de la honra del rey. Todo el que le veía se arrodillaba ante él y le rendía homenaje. Pero Mardoqueo, desconfiando de Amán nunca se postraba ante él. Esto enfurecía sobremanera a Amán, por lo que averiguó acerca de la persona de Mardoqueo. Así se puso al tanto que este era judío. Entonces determinó no solo exterminarlo, sino con él a todos los judíos que vivían en el reino. Urdió un plan y se presentó ante el rey Asuero argumentando que el pueblo judío no obedecía las leyes y mandatos del reino, por lo que era conveniente aniquilarlo. Asuero, ignorando los verdaderos motivos de Amán, accedió a sus objeciones y avaló cada movimiento que llevara a cabo contra los hebreos.

Al enterarse Mardoqueo de las maquinaciones de Amán, rasgó sus vestiduras en señal de luto. Entonces Ester fue advertida por los eunucos del rey. Ella le envió ropas y le preguntó acerca de lo que estaba ocurriendo. Su primo explicó todo lo acontecido y los engaños de Amán, por lo que exhortó a Ester a que se presentara ante el rey para implorar clemencia e interceder a favor de su pueblo. Ella sabía que esto podía significar que su vida terminara allí mismo, pues cualquiera que se atreviera a cruzar el patio interior del palacio sin ser invitado para presentarse ante el rey, sería ejecutado de inmediato. La única excepción posible era que el rey extendiera el cetro de oro perdonándole la vida.

La joven reina conocía sus orígenes y no se había

olvidado de ellos. Pero de ser descubierta también sería exterminada junto con todo su pueblo. El destino de Israel había sido puesto por el Señor en sus manos.

Su decisión no podía hacerse esperar. Así que Mardoqueo le dijo:

«No te imagines que por estar en la casa del rey serás la única que escape con vida de entre todos los judíos. Si ahora te quedas absolutamente callada, de otra parte vendrán el alivio y la liberación para los judíos, pero tú y la familia de tu padre perecerán. ¡Quién sabe si no has llegado al trono precisamente para un momento como éste!» (Ester 4:13-14).

Estas palabras determinaron decididamente a Ester. Convocó a todo el pueblo hebreo a un ayuno completo de comida y bebida durante tres días, para luego presentarse ante el rey Asuero. Ya no temía morir, sabía cuál era el propósito que debía cumplir.

Cuando llegó el día pactado, se atavió con sus vestiduras reales y se presentó en el patio interior del palacio. Al verla el rey se mostró complacido y extendió el cetro de oro. Ester había hallado gracia nuevamente ante Asuero. Ella sabía que debía poner en evidencia a Amán; y así lo hizo en un banquete que ofreció para su enemigo. Pidió que el rey le concediera la vida a ella y a su pueblo, el cual había sido vendido para exterminio. Amán fue descubierto, y murió atravesado con la estaca que él mismo había preparado para Mardoqueo.

Ester recibió todas las propiedades de Amán, y Mardoqueo fue honrado y reconocido por Asuero. Se lo designó administrador de las propiedades de Amán. Y finalmente el rey redactó otro decreto a favor de los judíos, quienes celebraron con gran alegría y banquete la noticia.

Aquella joven huérfana caminó en santidad e integridad. Tuvo una vida sabia aprovechando el favor de Dios como una ocasión para cumplir sus propósitos. Su vida fue un ejemplo de consagración y madurez espiritual. Atravesó un largo invierno; sin embargo, escuchó el tiempo de la canción para su vida.

Hoy el Señor quiere posicionarte e impulsarte al igual que lo hizo con Ester. Ella era única. Tenía atributos especiales como los que posees tú. Él la tomó y la impulsó por encima de Vasti convirtiéndola en reina.

Una mujer hebrea, exiliada y huérfana, con un trasfondo increíble, fue llevada por Dios a los lugares altos para cambiar el destino de una nación y la historia de su pueblo.

Tú eres una creación original de Dios; y si te presentas delante de tu Padre tal como lo hizo Ester, comenzará un proceso de transformación que afectará cada área de tu vida para alcanzar tu destino en él.

ATRIBUTOS DE UNA MUJER TRANSFORMADA

Voluntad sometida

Una mujer que se reconoce a sí misma como única se somete voluntariamente al proceso de restauración de Dios. Aunque no está plasmado ni escrito, sabemos que es una mujer que está libre de amargura y resentimientos.

Quizás lo que tú estés viviendo puede estar causando estos sentimientos durante las temporadas de invierno en tu caminar diario. Pero debes saber que cuando tú dejas que las raíces de aflicción que hay en tu corazón crezcan y se desarrollen, de a poco comenzarás a perder la tierra que conquistaste; y todos los que tú amas terminarán alejándose, pues la relación contigo se tornará insostenible. La amargura y el resentimiento son dos factores claves que no te permitirán sobrevivir a las tormentas que el invierno va dejando a su paso. Pero si realmente anhelas ser una de esas mujeres impulsadas por Dios para alcanzar nuevos desafíos, entonces debes sujetar tu voluntad a la obra sobrenatural y restauradora del Señor sobre tu vida. Tu real adversario es el enemigo de Dios, el diablo; él es quien ha causado las dificultades en tu vida. Sin embargo, el Señor vino para bendecirte grandemente. Él desea utilizar ese proceso de renovación para moldearte y guiarte libremente en sus propósitos. Por eso, es necesario que te enfoques en lo que Dios ha querido hacer contigo. Debes posicionarte en el centro de su voluntad para tu vida.

Amada, si has atravesado el invierno de tu vida, ahora mismo agradécele a Dios porque hasta aquí te ha sostenido. La mano poderosa del Señor te ha guardado en medio de tormentas y adversidades. Despójate de todo enojo o amargura que quieren arraigarse en tu corazón y sométete voluntariamente a la transformación que solo Dios puede ofrecerte. Él te está limpiando y purificando de todo aquello que estorba en tu interior.

Las Escrituras nos dicen que *«Dios dispone todas las cosas para el bien de quienes lo aman, los que han sido llamados de acuerdo con su propósito»* (Romanos 8:28). Quizás no te has dado cuenta, pero desde el momento en que depositaste tu vida en las manos del Salvador, él ha estado guiando tus pasos en medio de la tragedia, el dolor, la enfermedad y la aflicción. En medio de situaciones y circunstancias dificultosas, él ha estado presente con su Santo Espíritu. Fuiste derribada pero nunca destruida, pues el Señor ha estado a tu lado y ha permanecido fiel. Por eso, hoy te levanta y te impulsa a que te atrevas a conquistar más territorio para su gloria.

Cuando pasas por el fuego de la prueba, esta desarrolla en ti la paciencia, la perseverancia y la constancia. Los frutos del Espíritu se harán evidentes una y otra vez. Resiste, no te rindas. Prepárate para alcanzar tu destino grande y maravilloso. El Gran Alfarero está moldeando las aristas de tu vida como a una vasija de barro. Deja delante de su trono todo peso que te agobia, y vive en la bendición del Señor.

Belleza interior

La reina Ester era poseedora de una gran belleza exterior; pero también se destacaba por su hermosura interior. El libro que lleva su nombre hace referencia a que era dueña de una figura atractiva y muy hermosa (Ester 2:7).

Cuando Vasti no accedió a la petición de Asuero de presentarse en el banquete ante sus funcionarios, el rey acordó buscar una nueva reina. Entonces sus ayudantes personales le hicieron una propuesta: Buscar jóvenes vírgenes y hermosas para él. Cada provincia del reino debía enviar delegados que reunieran a todas esas jóvenes hermosas en el harén de la ciudadela de Susa.

Ahora bien, ¿te has preguntado por qué la vieron a Ester más bella que a las demás doncellas? Evidentemente lo que a ella la destacaba fue lo que impactó a Asuero cuando apenas la vio. Ester tenía una belleza interior que todos podían percibir.

Sin embargo, algunos confunden este concepto de belleza interior, y lo relacionan con la palabra de Pedro acerca de cómo debía ser el atuendo de las mujeres: «*Que la belleza de ustedes no sea la externa, que consiste en adornos tales como peinados ostentosos, joyas de oro y vestidos lujosos. Que su belleza sea más bien la incorruptible, la que procede de lo íntimo del corazón y consiste en un espíritu suave y apacible. Ésta sí que tiene mucho valor delante de Dios*» (1 Pedro 3:3). Pero lo que el apóstol Pedro nos está diciendo es que lo que mostramos por fuera debe ser el reflejo de lo que tenemos dentro.

Lo que distinguía a Ester de todas las otras jóvenes era que contaba con el favor de Dios. Cuando tú tienes la bendición del Señor sobre tu vida, hallas gracia delante de cualquier persona que te presentes.

José había hallado gracia en su padre Jacob, por lo que contaba con su favor entre sus hermanos. Jacob amaba a José más que a sus otros hijos, porque lo había tenido en su vejez. Tal era su predilección, que mandó que le confeccionaran una túnica especial de mangas largas de diversos colores (Génesis 37:3). Cuando tú tienes el favor de

Dios, entonces eres la favorita de tu Padre, y todos abren sus puertas para recibirte.

Las mujeres que el Señor impulsará para alcanzar nuevos desafíos y etapas en él, serán bellas por dentro y por fuera. Tendrán el favor de Dios sobre sus vidas. Y hallarán gracia delante de otros.

Debes saber que tú lograrás tener esta belleza interior cuando cuentes con el favor de Dios. Su gracia la recibes cuando te presentas delante de su Trono y tienes tiempos de comunión e intimidad con él. El Señor llenará cada espacio en tu interior y te vestirá con su túnica elegida especialmente para ti. Las puertas se te abrirán, y obtendrás gracia delante de quienes te presentes.

Sujeción

Si hay algo que no se pone en práctica hoy en día es la sujeción. Actitud que Ester tenía muy anclada en su interior. La sujeción es un acto de la voluntad, ya que no debe ser por imposición sino por amor. Es un comportamiento basado en reconocer al que está en autoridad. Es «estar debajo de». Tu voluntad debe estar subordinada a «tu Mardoqueo». Para impulsarte, Dios necesita que estés en sujeción.

Existen autoridades que el Señor ha puesto sobre tu vida para que las respetes y las honres como tales. Si realmente deseas ser llevada a una dimensión nueva y diferente, debes someterte voluntariamente con la actitud correcta.

Hay mujeres que recorren largas distancias en busca de una palabra profética para sus vidas. Pues quiero decirte que tengo palabra fresca de Dios para ti: «Sujétate voluntariamente en un acto de amor a tu Mardoqueo». No hace falta que estés casada para que estés sujeta. Dios te ha rodeado de personas que son referentes para tu vida a las cuales debes sujetarte. Vive en autoridad y sujeción.

Ester hacía todo lo que Mardoqueo le indicaba. Aún cuando estuvo en riesgo su propia vida, decidió obedecer y someterse a la voluntad de Mardoqueo. Había un reconocimiento hacia su persona. Y esto está por encima de lo que piensas, deseas o estimas. Si estás bajo autoridad, pronto tú también ejercerás autoridad sobre otros.

El Señor te levanta. Tú eres su amada. Pero para ser impulsada sobrenaturalmente por su mano de poder, debes mantenerte con tu voluntad sujeta a aquel que te gobierna.

Corazón sensible

La sensibilidad espiritual en una mujer es una cualidad muy preciada. Y Ester tenía un corazón sensible.

Cuando Mardoqueo se enteró de los planes de Amán contra todo el pueblo judío, rasgó sus vestidos, se cubrió de ceniza y se vistió de luto. Luego caminó por la ciudad gritando y lleno de amargura. Sin embargo, no pudo entrar al palacio para contarle a Ester lo que sucedía, pero sus criadas la pusieron al tanto de lo que estaba ocurriendo. Al oírlo, Ester se angustió mucho, y en su espíritu unió su corazón al de su primo y al pueblo que pertenecía. Ella era una mujer sensible y receptiva del dolor de su nación.

El Señor necesita de mujeres que sean sensibles y

perciban el mundo espiritual tal cual es. Mujeres que estén centradas en su voluntad y apegadas a su corazón.

Si miras con los ojos de Dios, ya no te detendrás en las circunstancias que te rodean, sino que estarás pendiente de las necesidades de los otros. Tu corazón debe latir con el corazón del Señor y alinearse con su santa y perfecta voluntad.

Valentía y determinación

El temor no dominaba el corazón ni la mente de Ester. La valentía era una de sus tantas virtudes. Con valor se determinó para presentarse ante el rey cuando la vida de su pueblo dependía de ello. No dudó ni vaciló: «*... por más que vaya en contra de la ley. ¡Y si perezco, que perezca!*» (Ester 4:16).

Esta es la clase de mujeres que Dios está impulsando. No temen a nada ni a nadie. Son temerarias y aguerridas. Aceptan los desafíos como oportunidades de parte del Señor para cumplir su propósito.

El Señor está levantando mujeres que sean radicales y determinantes en hacer y cumplir su voluntad a pesar de cualquier gigante que se cruce en sus caminos. Así como David vencía a osos y leones, muchas mujeres serán llamadas con este mismo sentir.

Cuando los hombres estén ausentes, las mujeres dirán presente. Dios está levantando un ejército de mujeres valientes y determinadas que influirán en el mundo que las circunda.

Las situaciones que te han traído hasta aquí quizás hayan sido dolorosas; pero el Señor está removiendo todo sentimiento de fracaso, temor, amargura y soledad. Él te está equipando y renovando con su Santo Espíritu. El invierno se ha ido y una nueva temporada está asomando. Ya no estarás sola; el Señor va delante y te llevará de victoria en victoria. Las tinieblas retrocederán y su luz admirable se manifestará con gran poder en ti.

Conclusión

Esta es tu hora. Es el momento en el que Dios te va a impulsar para que puedas alcanzar tu destino. Su bendición reposará sobre ti para que alcances los sueños que él mismo ha depositado durante todos estos años. Aférrate a sus promesas, porque cada una de ellas es verdad. Emprende cosas nuevas, pues tú estás lista para subir al próximo nivel.

No hay límites a lo que Dios puede hacer para transformar a una mujer en su interior. Si te presentas tal como eres delante de tu Dios, él como un Padre amoroso comenzará ese proceso modelador de transformación.

No te prives de dar cumplimiento a lo mejor que hay en ti. El Espíritu Santo suplirá el poder para que vivas una vida santa, digna y completa en la nueva dimensión de fe a la que serás impulsada.

Capítulo 3

⊸❧⊸

Mujeres sin límites

Hace un tiempo atrás, cuando los teléfonos móviles recién hacían su aparición en el mercado solo algunas personas podían adquirirlos, y se las catalogaba de ricas o pudientes.

Luego, esas mismas compañías de celulares se percataron que realmente estaban ofreciendo sus unidades a precios muy elevados, concluyendo que estaban limitando los mercados. Es por esto que determinaron bajar los costos, obsequiar un buen número de unidades y facturar por minutos consumidos. La toma de esta decisión los introdujo en los hogares de miles de familias que aceptaron la nueva estrategia de mercadeo con beneplácito.

Hoy por hoy, existen cientos de técnicas utilizadas en la venta para alcanzar al mayor público posible y cautivarlo con los productos en oferta. Todas estas compañías te presentan algo que apenas es la puerta de acceso a lo que realmente desean ofrecerte.

Nuestro Dios también tiene formas poco convencionales para sorprendernos y llevar adelante sus planes. Justamente, la historia de la toma de Jericó es una de ellas.

Cuando nos acercamos al relato en el libro de Josué, generalmente ponemos el énfasis en la conquista de la ciudad. Sin embargo, entiendo que el Señor nos está invitando a descubrir el verdadero significado que está escondido en los capítulos 1 y 2 de este libro.

UNA MUJER VALIENTE

Después de la muerte de Moisés, Josué recibió de parte de Dios indicaciones precisas de lo que el pueblo de Israel debía hacer para conquistar las tierras de la promesa. El Señor le mostró que estaría con él al igual que lo había hecho con Moisés. Pero le demandaba fuerza y valor para obedecer todo su mandato.

Tanto Josué como el pueblo de Israel tendrían que prepararse para cruzar el río Jordán y entrar a la tierra que les había sido prometida a sus antepasados.

Con todo esto en su corazón, Josué ordenó a sus líderes que fueran por todo el campamento y advirtieran al pueblo que dispusieran provisiones, porque en pocos días atravesarían el Jordán para tomar posesión de la tierra que el Señor les había dado como herencia. Al frente, los hombres de guerra irían armados. Ellos ayudarían a pasar a todo el pueblo.

No obstante, Josué envió secretamente a dos espías con la orden de explorar la tierra; en especial, Jericó.

Cuando los informantes llegaron a la ciudad se hospedaron en casa de una mujer llamada Rajab, a quien muchos conocían por ser una prostituta. Así que la noticia corrió velozmente y llegó a oídos del rey. De inmediato, este le hizo saber a Rajab que debía echar a los hombres que habían entrado en su casa, pues no eran más que espías.

Ante el mensaje intimidatorio del rey, Rajab le contestó que si bien era cierto que dos hombres se habían albergado en su casa, no sabía quiénes eran ni de dónde venían. Agregó que al oscurecer ya se habían retirado y que ella ignoraba hacia dónde se habían dirigido.

En realidad, Rajab los había escondido en el terrado de su casa entre los manojos de lino que estaban dispuestos al sol para secarse.

Esa mujer era temerosa del Dios de Israel, pues había oído de las maravillas que había hecho Jehová con su pueblo después de sacarlos de Egipto, y que les había prometido esa tierra por heredad. Esta mujer tenia el entendimiento que Jehová era Señor y Dios de dioses, en el cielo y en la tierra.

Así que Rajab pidió a los espías que juraran en nombre de su Dios que serían bondadosos con su familia, al igual que ella lo había sido con ellos, y que perdonarían la vida de sus padres y de sus hermanos, así como la de todos los que vivieran con ellos.

Los espías se comprometieron con Rajab en cumplir su promesa, en tanto y en cuanto ella no los delatara ante el rey, y toda su familia estuviera reunida en su casa cuando conquistaran la ciudad. Habiendo acordado esto, ella les indicó que huyeran rumbo a las montañas y que allí se escondieran durante tres días. Luego podrían seguir su camino. Entonces, como la casa estaba sobre la muralla de la ciudad, Rajab los bajó con una soga por la ventana, de la cual quedaría atado un cordón rojo como muestra de aquel juramento que habían hecho.

Los dos mensajeros llegaron a destino tal como lo habían previsto y le relataron a Josué todo lo que había sucedido, pero le anticiparon que el Señor ya les había entregado toda la ciudad y que sus habitantes temblaban de miedo.

Animados y preparados para la conquista, al día siguiente emprendieron el viaje hacia el Jordán. No solo que todos atravesaron el río, sino que, cuando los pies de los sacerdotes que llevaban el Arca del Pacto tocaron las aguas, estas dejaron de fluir y se formó un muro que podía verse a distancia.

Cuando terminaron de cruzar el río y todo el pueblo se halló frente a Jericó, Josué eligió doce hombres, representantes de cada tribu de Israel; les pidió que tomaran una piedra del centro del cauce del río y que levantaran allí mismo un monumento en señal a las futuras generaciones de la hazaña que el Señor había hecho ese día con ellos. Luego circuncidó a los varones israelitas y celebraron juntos la Pascua.

Las puertas de Jericó estaban bien aseguradas. Todos temían a Israel. Nadie podía entrar o salir. Sin embargo el Señor le habló a Josué diciendo que él había entregado Jericó a su pueblo. Debían marchar alrededor de la ciudad durante seis días, y al séptimo día caminarían siete veces rodeando la ciudad. Los sacerdotes tocarían las trompetas, y cuando todos escucharan el toque de guerra, el pueblo debía gritar a una voz. Entonces los muros de la ciudad se derrumbarían.

Todo aconteció tal como el Señor les había dicho. Las murallas de Jericó fueron derribadas y el pueblo avanzó tomando toda la ciudad, la cual quedó arrasada. El oro y la plata, y los utensilios de bronce y de hierro se destinaron al Señor. Pero toda la ciudad fue sentenciada a la extinción. Solo debían ser preservadas la vida de Rajab y la de toda su familia.

Josué envió entonces a los dos mensajeros a casa de aquella mujer, para que junto con sus padres y hermanos fueran llevados a un lugar seguro fuera del campamento israelita tal como se le había prometido. Rajab y su familia fueron protegidos por Josué y amparados por el pueblo de Israel de allí en adelante.

MUJER DE UNA FE PODEROSA

Ahora bien, detengamos nuestra atención al principio del relato bíblico. Es probable que los mensajeros enviados por Josué entraran a Jericó disfrazados para poder espiar la tierra. La ciudad estaba amurallada, pero allí mismo en el muro había un hotel. La gerente de ese hotel era precisamente esta mujer llamada Rajab. Quizás te estés preguntando qué clase de vida llevaba debido a su profesión, pues se hace referencia a ella como la ramera, la prostituta, la mujer de vida fácil y ligera. Con todo, lo cierto es que esta mujer decidió a riesgo de su propia vida y la de su familia, proteger a los dos espías israelitas hasta que regresaran a salvo al campamento.

En la antigüedad los nombres tenían una relación de propósito y destino. Al escoger un nombre para una persona se la estaba calificando y emparentando con su destino. Por este motivo, es llamativo que el nombre Rajab en hebreo significa «espaciosa».

Esta mujer de vida simple y controversial, si se quiere, sin lugar a dudas tuvo una fe poderosa. Una fe que supo abrirse, ampliarse y extenderse de tal manera que no podía tener límites.

Entonces, ¿qué hacía una mujer de este talento, con un potencial tan vasto y sin restricciones, contenida en un muro? Si focalizamos nuestra lectura, observaremos que la Escritura dice que Rajab fue salva. No solo ella, sino también su familia. Todos los que habitaban esa casa en el muro fueron libres, y Rajab se convirtió en una mujer sin límites:

«Así Josué salvó a la prostituta Rajab, a toda su familia y todas sus posesiones, por haber escondido a los mensajeros que él había enviado a Jericó. Y desde entonces, Rajab y su familia viven con el pueblo de Israel» (Josué 6:25).

De tal importancia fue lo que ocurrió en su vida, que en el libro de Hebreos, en el versículo 31 del capítulo 11, se la menciona en el corredor de la fama junto a otros tantos hombres y mujeres de fe. Aún mas, en la carta de Santiago, en el verso 25 del capítulo 2, donde se nombra a Abraham como el padre de la fe, también se alude a Rajab como una mujer justa que por sus obras hospedó y auxilio a los espías.

Esta mujer nunca hubiera podido dar a luz el destino y el propósito para el cual Dios la había escogido escondida detrás de los muros. Ella tuvo que salir de las paredes que la sofocaban y oprimían. Y por su obediencia, Dios la usó para ser parte del linaje de Jesús.

En el capítulo 1 del Evangelio de Mateo se detalla minuciosamente la genealogía de Jesús, y en ella puede leerse: «*Salomón, padre de Booz, cuya madre fue Rajab; Booz, padre de Obed, cuya madre fue Rut; Obed, padre de Isaí; e Isaí padre del rey David. [...] Y Jacob fue padre de José, que fue el esposo de María, de la cual nació Jesús, llamado el Cristo*» (vs. 5-6; 16). Si Rajab no se hubiera extendido en su espíritu, todo este linaje nunca hubiera existido.

Permíteme decirte que hay muchas mujeres como Rajab que fueron creadas para ensancharse y engrandecerse en todas las áreas de sus vidas, y tú eres una de ellas. Llevas un manto profético de destino y propósito para ser una mujer sin límites. Dios te ha elegido para emprender grandes desafíos y cumplirlos. Sin embargo todavía te encuentras contenida dentro del muro. Todo tu potencial está encapsulado, pero listo para ser manifestado a través de lo que el Señor despierte en tu vida. Es necesario que te atrevas a salir de la muralla que te oprime y paraliza. Para ello, es preciso que identifiques cuáles son esos muros.

IDENTIFICA TUS MUROS

Podemos distinguir tres clases diferentes de murallas. Todas estas se levantan para limitar tu potencial y restringirte en el destino para el cual Dios te ha llamado.

La primera muralla o muro es la del sistema reinante, ya sea social, económico, político o religioso. El sistema cananeo tenía a Rajab circunscrita en lo que ella hacía y no en lo que era. En ello establecía su identidad. Por esto, siempre que se la menciona se habla de ella como Rajab, la ramera. Sin embargo, su corazón latía fuerte y su espíritu no se conformaba a lo que el sistema instituía. En su interior sabía que fuera de esas murallas había algo mejor para su vida y la de su familia. Intuía que ella era el diseño de algo superior que la había creado para operar fuera de ese sistema que la ahogaba y oprimía. Fuera de los muros no existían murmuraciones, diferencias sociales o económicas que pudieran detenerla. Y esto está vigente para ti hoy. No hay sistema que pueda retener la obra de Dios en tu vida cuando actúas por la fe.

El sistema imperante nos empuja a vestirnos del mismo modo, a hacer las mismas cosas, a pensar en forma unificada; sin embargo, el Señor te está llamando a salir de esos límites y que te diferencies. Él te ha dotado de señales distintivas para que brilles y te destaques en todo lo que toque la planta de tus pies.

El segundo muro es el de las experiencias pasadas. Cada una de nosotras, de una u otra manera, vivimos situaciones dolorosas. Y en muchos casos hasta traumáticas. El problema surge cuando por no repetir esa dolencia intentamos levantar muros creyendo que estos nos defenderán y evitarán el sufrimiento. Esta es una reacción normal, pero no por eso sana. Lo único que provocamos es limitarnos a nosotras mismas.

Cuando debido a un fracaso alteras tu percepción interna, entonces estás levantando un muro. Cuando por un problema que ha surgido cambias la imagen de cómo te miras, entonces estás levantando muros. La baja o alta autoestima tiene su raíz directa en situaciones no resueltas. Quizás hayas albergado hasta este momento vergüenza, fracaso, traiciones o rechazo; pues Dios te dice que hay más de él para tu vida. No pierdas la esperanza.

Rajab supo esperar confiadamente hasta salir de sus muros. Y cuando el momento oportuno golpeó a su puerta, no lo desperdició. Al contrario, sacó provecho y atravesó la barrera. Se extendió y ensanchó en fe. Ella conocía al Dios que iba delante del pueblo de Israel y hacía maravillas. A ese Dios de los nuevos comienzos decidió aferrarse y creer.

El Señor es quien te levanta y te saca de tus muros, y de las situaciones que te han atado y obligado a permanecer allí. Este es el tiempo de salir y llevar a cabo el propósito de

Dios en tu vida. Él te está llamando a que te pongas en pie y te pares sobre tu pasado, sobre tus circunstancias y sobre el pecado que te asedia. Hay refrigerio para tu vida que proviene del Trono de la gracia. Ensánchate y resplandece, porque ha venido tu luz. Eres una mujer sin límites. No tengas temor; el Señor está contigo.

Siempre lo mejor está por venir cuando Dios está con nosotros. El Señor no puede poner el vino nuevo en odres viejos. Suelta aquello que no sirve y te paraliza. Prepara espacio en tu corazón para que él pueda hacer su morada.

El Señor te alinea con su voluntad y despierta la Rajab que está dentro de ti. Esa mujer que no tiene límites y se extiende a lo por venir. Este es tu tiempo.

El tercer muro es aquel que intenta atrapar tu potencial diario. Es el muro donde eres confrontada en lo personal con problemas, situaciones y aflicciones en el día a día.

Cada conflicto que el enemigo trae a tu vida pretende desenfocarte y distraerte del propósito de Dios. Él sabe que si logra menguar tus esfuerzos, entonces habrá logrado desviarte del plan de Dios. El reino de las tinieblas conoce el potencial que albergas en tu interior; por eso, desde la perspectiva de Satanás representas un verdadero peligro. La manera en que el enemigo te confronta es directamente proporcional con lo que el Señor desea cumplir en tu vida. Cuantas más luchas enfrentes, mayor bendición y victoria obtendrás de parte del Señor.

El apóstol Pablo decía que en nada se comparan los sufrimientos actuales con la gloria que habrá de revelarse en cada uno de nosotros. Y agrega que Dios dispone todas las cosas para el bien de quienes lo aman, los que han sido llamados de acuerdo con su propósito. Pues en todo esto somos más que vencedores por medio de Aquel que nos amó (Romanos 8:18; 25; 37). Lo que tú estás atravesando es grande, pero no ha de igualarse con lo que el Señor hará con tu vida.

Rajab era una mujer de fe y de convicciones firmes. Ella no conocía al Dios de los israelitas; solo había oído de sus maravillas y prodigios. Sin embargo, no vaciló en declarar con certeza a los espías que su Jehová era Dios, el Señor y Dios de dioses en cielo y tierra. Esta mujer, la ramera que vivía en el muro sin que muchos se percataran de su presencia, era temerosa del Señor, y estaba reconociendo públicamente que ese Dios era mucho más poderoso para poner su mano sobre toda circunstancia.

UNA MUJER SIN LÍMITES

Se cuenta la historia de un hombre que naufragó junto a un grupo de personas. En medio de la confusión y la desesperación fueron a dar a una isla desierta. Cada uno de los que habían sobrevivido a la catástrofe fue muriendo, hasta que finalmente el hombre quedó absolutamente solo. Los días transcurrían lentos. El calor abrasador lo iba debilitando de a poco. Ya no tenía de dónde abastecerse, así que sin nada a qué aferrarse y con la esperanza perdida, pensó que ya no había otra cosa que pudiera ocurrirle. Sin embargo, al caminar sin rumbo fijo se lastimó el pie con una roca. ¡Solo eso le faltaba!

Cuando ya la herida había cicatrizado pensó que quizás podía animarse a construir algún refugio para protegerse de la inclemencia del tiempo. El agua estaba escaseando, entonces caviló un poco y decidió ir en busca de agua y alimento. De regreso, divisó a lo lejos humo que se levantaba a unos kilómetros. Al acercarse, comprobó que la humareda provenía de su precaria construcción. Los rayos del sol eran tan fuertes que incendió su refugio.

Ya sin aliento, cayó de rodillas en la arena y elevó una plegaria al cielo: «Señor, sálvame...».

Al día siguiente apareció un barco para auxiliarlo. Como no podía salir de su asombro, preguntó al capitán:

—¿Cómo dieron con mi paradero?

Inmediatamente el oficial respondió:

—No dudamos en acercarnos a la isla cuando observamos las señales de humo que usted estaba enviando.

Muchas veces nos sentimos como ese náufrago. Las circunstancias de la vida nos golpean de tal modo que pensamos que ya nada de lo que nos suceda podrá sorprendemos. Y allí, en medio de la soledad y la desesperación, el enemigo hace arder nuestra defensa hasta agotar nuestras fuerzas y perder las esperanzas. Se ocupa sigilosamente de que nada quede en pie. Arrasa con todo a nuestro alrededor: Nuestra familia, hijos, finanzas, trabajo, salud, amigos. Pero mientras él pretende destruirnos, ahí está el Señor tornando todas las cosas para nuestro bien. Tú eres más que victoriosa en Cristo Jesús. Eres una mujer sin límites. La bendición de Dios está sobre tu vida del mismo modo que estuvo sobre José.

Cuando Jacob bendijo a cada uno de sus hijos, a José le dijo: «*José es un retoño fértil, fértil retoño junto al agua, cuyas ramas trepan por el muro. Los arqueros lo atacaron sin piedad; le tiraron flechas, lo hostigaron. Pero su arco se mantuvo firme, porque sus brazos son fuertes. ¡Gracias al Dios de tu padre, que te ayuda! ¡Gracias al Todopoderoso, que te bendice! ¡Con bendiciones de lo alto! ¡Con bendiciones del abismo! ¡Con bendiciones de los pechos y del seno materno!*» (Génesis 49:22-25).

Tú tienes la bendición de José. Estás bendecida desde lo alto. Todo lo que hay en los cielos es tuyo, te pertenece. Al Padre le ha placido entregarte el reino. Pero aún hay más para tu vida y la de tus generaciones, porque con bendiciones del abismo has sido bendecida. Desde las aflicciones, las circunstancias, los problemas, el Señor ha puesto su mirada sobre ti y ha declarado bien sobre tu vida. No hay manera que el enemigo te pueda atacar. Cada situación que atraviesas produce en ti un cada vez más excelente y eterno peso de gloria.

Tú eres el sueño de Dios. Él te concibió en su corazón, y desde ese momento ya fuiste predestinada y bendecida para ser parte de un destino y un futuro glorioso. En ti, él ha depositado su visión y sus proyectos para que los lleves a cabo con todo tu corazón, con toda tu mente, y con todas tus fuerzas. Y esto no es para tu gloria, sino para la gloria de Dios; porque todo es en él, para él y por él. Todo lo que tienes te ha sido dado para que te desempeñes como una buena administradora, ya que cada cosa es de Dios, viene de Dios y vuelve a Dios. No hay nada que pueda detenerte.

El Señor te ha proporcionado bendiciones de los pechos y del seno materno. Cuando una mujer da a luz, alimenta, sustenta y mantiene a su hijo con la leche que fluye de sus propios pechos. Es una clase de leche como ninguna otra elaborada en esta tierra. Tiene todos los nutrientes, la medida justa y equilibrada que el bebé necesita para satisfacer sus necesidades de alimento y crecer. Pues de la misma manera Dios te ha bendecido desde su pecho, para que sus sueños se hagan una realidad, y en su Nombre tú puedas mantenerlos, sustentarlos y alimentarlos.

La conquista de Jericó era la excusa de Dios para ir a buscar a Rajab. No importa cuántos ejércitos tendrá que enviar el Señor para derribar los muros que te oprimen y liberarte de la prisión en la que te encuentras hoy. Él vendrá a buscarte porque en ti está su bendición. Este es tu momento, esta es tu hora para dar cumplimiento a tu destino profético.

UNA NUEVA IDENTIDAD

Ni tú ni yo hemos palpado de cerca la historia como para saber cómo habrá reaccionado Rajab al ser salvada junto a su familia. Sin embargo, puedo asegurarte que ese día fue glorioso. Esa mujer estaba siendo libre de los muros que la

limitaban. Quizás haya danzado, saltado, gritado o reído a
carcajadas. Lo cierto es que ella conoció la libertad. Le fue
dada una nueva identidad. Ya no sería señalada como Rajab
la ramera. Su vida giraba vertiginosamente junto al devenir
de la historia. Rajab fue impactada por el poder del Altísi-
mo y su vida fue transformada. Nunca más volvió a ser la
mujer que era. Dios la había encontrado.

Celebra tú y tu casa, porque el Señor, el Rey de Reyes te
ha encontrado también. Es tiempo de explotar todo el potencial que Dios depositó en tu interior. ¡Sal de los muros
ahora, y deléitate en tu Señor! ¡Celebra victoriosa el triunfo
de Cristo que te ha hecho libre, y una mujer nueva!

*«Tú, mujer estéril que nunca has dado a luz, ¡grita de alegría!
Tú, que nunca tuviste dolores de parto, ¡prorrumpe en canciones y
grita con júbilo! Porque más hijos que la casada tendrá la desam-
parada –dice el Señor. Ensancha el espacio de tu carpa, y desplie-
ga las cortinas de tu morada. ¡No te limites! Alarga tus cuerdas y
refuerza tus estacas. Porque a derecha y a izquierda te extenderás;
tu descendencia desalojará naciones, y poblará ciudades desola-
das. No temas, porque no serás avergonzada. No te turbes, porque no serás humillada. Olvidarás la vergüenza de tu juventud, y
no recordarás más el oprobio de tu viudez. Porque el que te hizo
es tu esposo; su nombre es el Señor Todopoderoso. Tu Redentor es
el Santo de Israel; ¡Dios de toda la tierra es su nombre! El Señor
te llamará como a esposa abandonada; como a mujer angustiada
de espíritu, como a esposa que se casó joven tan solo para ser re-
chazada. […] pero con amor eterno te tendré compasión —dice el
Señor, tu Redentor»* (Isaías 54:1-6; 8b).

El Señor ha guardado tu vida hasta este momento, pero quiere sacarte del lugar donde has estado estancada y detenida. Por mucho tiempo has sembrado en el desierto, en tierra árida y seca, y te has preguntado cuándo verías el fruto. Pues este es el momento. Todo lo que has anhelado y soñado está al alcance de tu mano hoy. ¡Celebra, porque el tiempo del luto ya pasó! Ahora es el tiempo de regocijarte en tu Dios y extenderte hacia lo que tienes delante.

De la misma manera que el Señor despertó el espíritu de Zorobabel cuando debía emprender la reconstrucción del templo de Dios en Jerusalén, así hará contigo. No es con tus fuerzas ni con ningún otro poder, sino por el Santo Espíritu de Dios. Él está despertando tu espíritu por el soplo de su poder.

El Señor te ha encontrado. Tu vida jamás será la misma. Su amor y su gracia te han alcanzado de una manera diferente. Es un nuevo comienzo sin límites. Ensánchate y sé espaciosa como lo hizo Rajab, pues Dios te hará caminar por dimensiones espirituales cómo nunca antes hayas vivido. Él es quien hace todas las cosas nuevas. Todo tu ser será mudado. El Señor pondrá orden en tu vida y en tus prioridades, para que puedas contemplar la grandeza de su majestad.

Él te usará para la gloria de la alabanza de su nombre. Serás un instrumento poderoso en sus manos. Él preparó buenas obras para que camines en ellas.

Ya no hay muro que te contenga. No hay sistema, circunstancia, problema o aflicción que pueda detenerte. Estás en el umbral de una dimensión de fe y poder diferentes.

Eres una mujer nueva, libre y determinada para hacer todo cuanto venga a tu mano. Tú tienes la llave que te ha abierto la puerta a una vivencia sobrenatural única. El Espíritu Santo de Dios está agitando sus alas en tu corazón haciendo morada en él. Rajab fue una mujer sin límites, tú también.

¡Qué el Señor derrame una nueva unción sobre tu vida. Espíritu de revelación y sabiduría se manifiesten con poder. Y que tu vida sea de inspiración para tantas mujeres que como tú vivieron por muchos años entre muros!

CAPÍTULO 4

❦

Mujeres de acción

Quizás tú no seas de mi generación, sin embargo estas últimas cinco décadas han sido señaladas como los años de la ciencia y de la tecnología. En ellos se ha plasmado todo lo nuevo que dio origen a los grandes inventos del siglo pasado.

Las mejores ideas se acunaron en mentes privilegiadas que se dedicaron al análisis, al pensamiento y a la creatividad en todas sus formas y manifestaciones. Pues quiero contarte que yo pertenezco a esa raza de hombres y mujeres que se forjaron en el fragor de la batalla. Las cosas no las recibimos en la mano, servidas en bandeja, sino que tuvimos que trabajar con ahínco hasta alcanzarlas.

En el mundo de hoy, donde reina la ley del menor esfuerzo, actitudes como estas son casi incomprensibles. Sin embargo, si tú formas parte de esta generación que obligada tuvo que aprender para enfrentarlo todo, permíteme decirte que eres dichosa: ¡Felicidades! Tú eres una de esas valientes, divertidas y creativas que perseveraron hasta el día de hoy.

Recuerdo cuando mi mamá me contaba una y otra vez, cómo ella y sus amigas creaban sus propias muñecas. En cambio, cuando yo era pequeña, ya contaba entre mis juguetes preferidos las muñecas de goma y de trapo. Eso sí, pasaba horas eligiendo qué modelos de ropa podía diseñar. Hasta llegué a confeccionarle un vestido a la primera Barbie que se lanzó al mercado. Todas las niñas soñábamos con tener una de estas súper muñecas que venían con su propio vestuario de brillos y accesorios tan atractivos.

Todo aquello parece distar tanto de lo que vivimos en la actualidad, que solo el hecho de pensarlo siquiera es increíble. Los niños consumíamos aceitunas, salchichas y alimentos enlatados sin ningún tipo de conservantes ni aditivos. A los bebés se los acostaba boca abajo sin prever que de esta manera podrían asfixiarse y causarles una muerte súbita. Las cunas estaban pintadas con esmaltes y solventes fuertes. Probablemente muchos de ellos fueran tóxicos y dañinos para el organismo. Tampoco los frascos de algunos medicamentos que se expendían bajo receta eran fabricados con sistemas especiales para que los niños no pudieran abrirlos.

Recorríamos grandes distancias en bicicleta sin tener en cuenta el uso de cascos protectores. No existían asientos adaptados exclusivamente para niños en los automóviles, ni los cinturones de seguridad para sus ocupantes. La inseguridad en la vía pública y con la cual convivimos todos los días, no era tal en aquella época.

Ni qué decir de beber agua de cualquier manguera de riego si la sed nos asaltaba en medio de un juego. O bien, compartíamos bebidas con nuestras amistades.

Desde bien temprano a la mañana hasta el atardecer, la consigna consistía en jugar sin detenerse. Las horas pasaban inadvertidas entre cada travesura que se nos ocurría. Patines, patinetas, carritos, todos eran dignos de ser probados mientras nos divertíamos a rabiar.

Y si de repente nos sorprendía un día nublado y lluvia, con nubarrón y todo construíamos barquitos de papel e improvisábamos una competencia en la cuneta de aquellas calles adoquinadas.

La creatividad y la espontaneidad iban de nuestras manos. Nuestras mentes estaban abiertas al cambio, a la inventiva y a la resolución de obstáculos. Todo significaba un nuevo desafío y una aventura que vivir.

PlayStation, Nintendo, Video Juegos, televisión por cable con 150 canales, DVD, CD, la lista se va incrementando conforme se perfeccionan las ciencias aplicadas. Pero ninguno de todos ellos formaba parte de nuestros entretenimientos. En nuestro mundo, jugar, correr, saltar y trepar a los árboles era más fascinante que cualquier aparato de última generación. Ni qué hablar cuando llegaba la hora de los cumpleaños o de los disfraces. ¡Cómo nos entreteníamos! No había cabida para el aburrimiento.

También incursionábamos en los deportes: Fútbol, baloncesto y béisbol encabezaban la lista de los preferidos por los niños y las niñas. Allí nos apasionábamos por la competencia. Y cuando nos tocaba perder, había que aprender a asumir la derrota y la decepción. No había frustración ni psicólogo para visitar. Éramos niños sanos en el cuerpo y en el alma.

Nuestros padres crearon el espacio que necesitábamos para crecer y desarrollarnos, y nos enseñaron a pagar un precio del mismo modo que lo hicieron ellos. No resulta difícil ver y hablar acerca del éxito que se ve a primera vista en la vida de cualquier persona. Pero nadie se detiene a conocer la historia.

El mundo que nos rodea vive de las apariencias. Poco se habla del espíritu de lucha, del trabajo, del esfuerzo, del compromiso, e incluso de la integridad que deben estar presentes entre los seres humanos. Los valores ya casi están en extinción. Lo absoluto se ha vuelto relativo. Nada está mal en tanto y en cuanto uno consienta con ello.

Sin embargo, debes saber que como una mujer de Dios y sin distinción de edades, tú eres responsable de vivir, enseñar y criar a tus hijos en el temor del Señor. El sistema actual pretende enmascarar todo lo bueno que proviene de Dios y automatizarte a la supuesta tecnología de última generación. ¡No cedas! El Señor te ha creado para cosas mayores. Pero es necesario que te conduzcas en la vida conforme a su santa voluntad. Recuerda siempre de dónde vienes y a dónde Dios te ha ido a buscar. Teme a Dios, y cumple sus mandamientos, porque esto es todo para ti. Él juzgará toda obra, buena o mala, aún la realizada en secreto.

Dios ha transformado mi vida, y todavía lo sigue haciendo. Los temores y las inseguridades que me limitaron durante algún tiempo ya no tienen cabida en mí. Él es el aliento de cada día. El que da fuerzas al cansado cuando no tiene ninguna. Jesús es la esperanza de gloria. Él es la fuerza de nuestra vida y quien aumenta nuestra fe.

Si tú te atreves a creer en Aquel que es poderoso y fuerte en batalla, entonces te convertirás en una mujer sin límites. Pero para que esto suceda es necesario que te despojes de todo lo que te ata a un pasado infructuoso. Debes alegrarte en el Señor, y aunque no hayas conseguido todo, esfuérzate y sigue adelante esperando alcanzar las promesas de Dios para tu vida. En la medida que vivas en la libertad a la que fuiste llamada por el Señor, entonces se desatará todo el potencial que hay en tu interior. Esto significa que algo en lo profundo de tu ser se soltará de tal forma, que se activará para ponerte en acción.

Este potencial es justamente éxito sin usar, fuerza disponible, talentos escondidos, poder reservado y habilidad dormida. Es activar la grandeza que ya existe en ti como posible, para convertirla en una realidad.

El potencial es éxito por alcanzar. Por este motivo nunca debes conformarte con lograr un solo éxito, sino que cuando alcances uno, inmediatamente tienes que proponerte alcanzar nuevas metas. Esfuérzate y extiéndete hacia lo que tienes delante.

Esto no es comida rápida, estilo microondas. Quizás te tome años, meses o semanas, e inevitablemente sabrás que hay un precio a pagar. Pero también es cierto que estarás caminando hacia el premio que el Señor te ha preparado de antemano.

Tú y yo hemos sido dotadas con atributos especiales dados por Dios para llevar adelante grandes empresas. Quizás todavía ignores cuáles son, pero sí debes saber que ese potencial y esas cualidades únicas están latentes en ti.

Ahora bien, dijimos que este potencial necesita ser activado. Pues entonces, desentrañemos juntas de qué forma todo este armamento que cada una de nosotras posee puede ser impulsado.

Existen algunos principios o llaves a tener en cuenta para que estas capacidades innatas se desarrollen y puedan crecer hasta la misma medida de la plenitud de Cristo en nosotras.

1. Permanece conectada a la fuente

Es de vital importancia que tú permanezcas en Cristo, pegada a él. Debes mantenerte unida a la fuente inagotable de agua de vida.

Cuando hablamos de estar conectadas y unidas a la fuente, estamos diciendo que tu relación sea fluida y tu oído sensible a la voz de Dios, de tal modo que conozcas a Aquel que te creó. Tus sueños estarán alineados con su corazón. Él ha depositado en ti sus dones, gracias, capacidades y talentos para que los potencies y desarrolles conforme a la visión que proviene del mismo trono de Dios. El Señor es quien produce en tu vida tanto el querer como el hacer.

Dios te creó a su imagen y semejanza. Sopló aliento de vida y reprodujo en ti todo lo que él es en su esencia. Debes conocer la naturaleza de tu fuente. Tú no eres ni mejor ni peor que el que está a tu lado. Tú y yo hemos sido creadas con un propósito, con un destino que cumplir. No importa cuál sea el ministerio en el que te desempeñes, mientras tengas convicción de que lo que haces es para Dios y esté en una misma sintonía con su voluntad.

El hecho de permanecer en Cristo y estar conectada a él como esa fuente inagotable de recursos es la llave que tienes en tus manos para entender el poder del potencial que se alberga en tu interior. Cuando tienes momentos de intimidad con tu Señor, oras, ayunas, meditas en su Palabra y conoces que él es tu papá, entonces la imagen que tienes de su persona ya no es de oídas, sino porque le conoces de verdad.

Él es ese esposo amoroso que siempre acude a la cita a encontrarse con la esposa. Viene a cenar cada día contigo porque quiere compartirte lo que hay en su corazón, los deseos del Padre para tu vida.

Esta intimidad profunda en la presencia de Dios transformará tu vida, renovará el espíritu de tu mente y te llevará por sendas nuevas que conquistar. Debes anhelar esta relación de intimidad con tu Señor, porque solo así llevarás al máximo de su esplendor todas tus capacidades. Él es el que te esfuerza y te lleva de victoria en victoria hacia nuevos desafíos. Persevera en su Palabra. Ámala y medita en ella día y noche. Ora, ayuna, lee, alimenta tu espíritu y tu alma. Cuida el buen tesoro de tu corazón, porque de él mana la vida.

2. Entiende el propósito para el que has sido creada

El término «entender» tiene que ver con alcanzar, concebir y creer. Cuando tú entiendes verdaderamente el propósito de Dios, entonces comienzas a caminar hacia el mismo con convicción profunda de la obra del Señor en tu vida.

De igual modo que un niño se desarrolla y crece en el vientre de su madre, así también lo que Dios ha depositado en tu corazón es concebido y prospera hasta que llega el tiempo del alumbramiento.

Tú y yo hemos sido creadas con un designio. Y como tales tenemos un destino de gloria en Cristo Jesús. Fuimos llamadas a alcanzar y a vivir ese propósito eterno.

Eres acepta, digna e idónea. Tú debes descubrir la gracia, el don, el talento y las capacidades que fueron guardadas en ese vaso de honra que eres para Dios. Él repartió dones según el puro afecto de su santa voluntad. De ti depende usarlos en el propósito para el cual fuiste llamada. Esto es particular al ámbito en el cual el Señor ha preparado para que te desarrolles. Si intentas ser lo que Dios no designó que fueses, entonces te estarás privando de ejercitar los dones que fueron destinados para ti. Además te privaría de dar cumplimiento a lo mejor que posees.

Una gracia, un talento, un don bien recibido y usado ensancha la capacidad de nuestro vaso, de modo que siempre pueda estar lleno de nuevas gracias, nuevos dones y nuevos talentos. El Señor te ha dotado de virtud para ser una mujer próspera y de bendición. Atrévete a incrementar y enaltecer lo que Dios ya te ha dado.

El propósito determina tu diseño, tu naturaleza y tu potencial. Cuando Dios, un fabricante, un inventor, imagina y crea algo, lo hace con un propósito. Tú y yo fuimos creadas para llevar adelante algo específico; tú tienes que orar y saber concienzudamente para qué Dios te formó, y aceptarlo tal como fue diseñado.

Esto requiere de tu parte una gran responsabilidad, pues te obliga a responder y cumplir con lo que Dios te ha asignado para que tu potencial se desate y se expanda.

3. Reconoce los recursos que posees

Los recursos son los medios con los que contamos para dar cumplimiento a nuestro destino. Reconocerlos implica identificar y aceptar lo que tienes disponible, pues ellos desatan todo tu potencial.

Los recursos y las provisiones nos sostienen mientras desarrollamos y maximizamos nuestro potencial.

Estos recursos están en el Señor. En él tienes todo lo que necesitas. Sin embargo, no es relevante lo que tú haces sino quién es el destinatario de eso que haces, y cuáles son las intenciones de tu corazón. Dios es el que pesa los corazones y conoce sus intenciones. Si tus motivaciones son incorrectas, entonces tu potencial nunca prosperará. El Señor te proveerá de todo cuanto necesitas, incluso de dinero, para llevar a cabo la empresa que él te haya encomendado.

4. Descubre el ambiente propicio

Escoger la atmósfera correcta y el lugar para desarrollarte es primordial. El ambiente y las condiciones externas que ese ámbito te provee producen un efecto directo o indirecto en la vida misma. Todas las capacidades están allí, en tu interior; pero lo cierto es que el lugar donde ese potencial prospere puede condicionar tu actuar en forma negativa o positiva.

Con esto quiero decirte que si no los ejercitas en el lugar adecuado, difícilmente se activarán para llevarte a cosas mayores.

Hoy tú tienes una posición en Dios y el espacio para crecer y progresar conforme a su propósito. Mantente firme en la libertad a la que Cristo te ha llamado. Y su Santo Espíritu respaldará todo lo que emprendas.

Recuerdo —hace ya algunas décadas— cuando el Señor nos envió a predicar a las plazas públicas, allí en

Puerto Rico. Durante casi dos años fuimos todos los fines de semana a llevar la Buena Nueva del Evangelio de la Paz. Llevábamos equipos de música y audio. Dios nos usó en forma poderosa, y su nombre fue glorificado. Por supuesto que se levantaban voces que objetaban el trabajo que hacíamos. Sin embargo, era evidente que la mano del Señor estaba sobre nuestras vidas y nos guardaba, pues muchos eran los que entregaban sus vidas a Dios y se reconciliaban con él. No importaba lo que los hombres dijeran u opinaran al respecto. Nosotros solo nos abocábamos a la visión que el Señor nos había impartido. Él nos impulsaba y motivaba a ir por más en el desarrollo de nuestros talentos. No cabe duda que la osadía y la valentía iban delante de nosotros.

Pero de repente, cuando ya mis hijos eran mayores y abandoné mi trabajo de maestra, comencé a limitarme y a estancarme. Fue entonces cuando el temor se apoderó de mí. Aquellas habilidades y capacidades que hasta algún tiempo atrás estaban al servicio del Señor aumentando día a día en su rendimiento se estancaron, y todo mi potencial menguó. En lugar de continuar caminando hacia el destino que Dios había trazado, me detuve.

Prepárate, capacítate, estudia. No te conformes con lo que hasta este momento hayas logrado. Genera recursos nuevos de los cuales puedas sacar provecho y crecer. No te limites. Nunca es tarde para volver a empezar. Nuestro Dios es el Dios de las oportunidades. Él renueva su misericordia cada día sobre nuestras vidas.

Luego de varios años logré posicionarme en el lugar del cual nunca debí haberme corrido. Y estando allí, el Señor me planteó nuevos desafíos y metas a alcanzar. Si tú declaras que tienes la mente de Cristo, entonces él hará cosas grandes contigo.

Escoge minuciosamente las personas con la que te vas a relacionar. Esta decisión guardará tu vida y la de quienes te rodeen.

Si Dios te ha otorgado el privilegio de ser esposa y madre, no menosprecies esta bendición. Extrema tu potencial en el sitio donde te desempeñes. Y cuando fuere el tiempo, verás a tus hijos servir al Señor con pasión y devoción.

No te canses de hacer el bien, porque a su tiempo verás el fruto apacible. Recuerda, sé valiente y esforzada. Pelea la buena batalla de la fe, y Aquel que es poderoso para hacer abundantemente más de lo que pedimos o entendemos, te sorprenderá. Tú eres una mujer sin límites, y como tal, debes ser una mujer de fe.

Mira siempre la mitad del vaso que está llena, y no la vacía. Que la fe te lleve a transitar sitios que nunca antes hayas conocido. Espera creyendo en tu proveedor, y acontecerán cosas grandes.

La prueba de la fe produce paciencia, y esta a su vez, constancia. La obra que comenzó en tu vida será perfeccionada hasta el final. Muévete en la dimensión de la fe y tu potencial será desarrollado de una manera sorprendente. Dios te ha creado para prosperar en lo sobrenatural del Espíritu.

El jardín del Edén fue diseñado para que tanto el hombre como la mujer pudieran disfrutarlo y alegrarse en la presencia del Señor. Esta es la clase de ambiente propicio para que puedas crecer.

Sin embargo, a través del pecado, Adán y Eva contaminaron ese lugar especial y exclusivo que Dios había creado para deleitarse con su criatura. Al probar del árbol de la ciencia del bien y del mal se produjo un comportamiento fuera de lo común, y por lo tanto, nocivo para el desarrollo del propósito de Dios para sus vidas. Pero Cristo pagó en la cruz del Calvario un precio de sangre para que tú y yo pudiéramos otra vez gozar de sus beneficios. Por eso, ahora te has convertido en un agente de cambio y restauración.

Pídele a Dios que te dé autoridad en el nombre de Jesús para vencer, enfrentar y confrontar los poderes del reino de las tinieblas que están en los aires. Pues nuestra lucha no es contra carne ni sangre, sino contra principados, contra potestades, contra los gobernadores de este siglo en las regiones celestes.

Así obtendrás el ambiente adecuado donde todas tus capacidades se desaten al máximo de tu potencial, y convivan el amor, el compañerismo, las buenas relaciones, el ánimo, el estímulo, la armonía y los nuevos retos.

Solo así todo lo que promuevas te incitará a sacar lo mejor de ti y a desechar la mediocridad y el conformismo que domina hoy el corazón de las personas.

5. Activa tu potencial

Los tiempos que corren lo hacen aceleradamente. El mundo gira a pasos agigantados. No podemos permanecer sentadas mirándonos las uñas, o frente al espejo inmóviles. Muy por el contrario, necesitamos activar nuestras capacidades al máximo. Esto es avivar, despertar nuestro espíritu.

El Espíritu Santo de Dios nos está sacudiendo y provocando a ir por más. Él es el más interesado en que la obra y el propósito de Dios se cumplan en nuestra vida. Nos está impulsando para promovernos a desafíos mayores, pues cosa que ojo no vio, ni oído oyó, ni ha subido a corazón de hombre, es la que el Señor tiene preparada para los que le amamos.

Tú eres su especial tesoro. Hay virtud en todo tu ser. Eres acepta en el amado; digna, porque te ha perdonado y limpiado de todo pecado. Y te ha hecho idónea en Jesús, apta para toda buena obra.

No hay límites a lo que Dios pueda hacer para transformar a una mujer en su ser interior. El Espíritu Santo se encargará de desatar plenamente tu iniciativa creadora, de modo que puedas hallar el ambiente propicio para ser una expresión de Dios a través de todas las áreas de tu vida. Él suplirá el poder para que puedas vivir una vida santa, digna y completa, donde todo tu potencial se desarrolle y alcance la medida de la plenitud de Cristo. Y seas, una mujer de acción...

CAPÍTULO 5

❧

Protege tu potencial

Cada una de nosotras es una mujer distinguida y única, creada en Dios para reflejar todo lo que él es. Desde el mismo momento en que fuimos formadas en el vientre de nuestra madre Dios nos capacitó con su potencial, haciendo de nosotras mujeres sin límites. Es por eso que podemos decir que no carecemos de ningún atributo, y que somos completas en Dios.

Resulta curioso que los sicólogos en sus investigaciones hayan llegado a la conclusión que en el campo del potencial humano, cada una de nosotras solo utilizamos el 10% de nuestras habilidades. Esto significa que ellos estiman que el 90% restante está dormido. Con esto se deduce que muchas de nosotras todavía no hemos descubierto ni ejercitado todo lo que el Señor ha depositado en nuestro interior.

Abraham Lincoln es uno de los ejemplos más dramáticos de lucha y tesón en la época y con la sociedad que le tocó vivir. Entre los años 1832 y 1858, en lo que respecta a lo personal, perdió el trabajo, su novia lo abandonó y sufrió un colapso nervioso. En cuanto a política se refiere, fue derrotado en la Legislatura, en el Congreso y en el Senado. Y aunque venía lidiando por asumir la presidencia, recién lo logró dos años más tarde. Después de dieciséis años de carrera y dedicación logró desatar y alcanzar su potencial al ganar la presidencia de los Estados Unidos de América en 1860. ¿Puedes imaginar siquiera qué hubiera ocurrido si este hombre, emblema de la nación para los norteamericanos, hubiese cedido a la frustración y a la derrota en medio de tantas crisis? ¿Qué hubiera ocurrido si tantos hombres y mujeres a lo largo de la historia no hubiesen decidido usar su potencial al máximo? Shakespeare, Mozart, Jesús, Moisés, Ester, María, Abraham, todos eligieron dar cumplimiento al propósito de Dios para sus vidas.

UNA PEQUEÑA SEMILLA

El potencial que tienes dentro de ti es como una semilla, que con un tamaño pequeño lleva consigo un gran poder. Si solo observas esa semilla y no te atreves a imaginar cómo será su fruto, entonces tu paradigma será muy corto y escaso.

Es importante que entiendas que en cada semilla hay un árbol, y en cada árbol un fruto. Dentro de cada fruto hay otras tantas semillas esperando ser germinadas para dar nuevos árboles con nuevos frutos y nuevas semillas. Del mismo modo, tu potencial está a la espera de ser desatado para hacer frente al reto imposible. Por todo esto es preciso que tú y yo sepamos que el potencial siempre está en continuo desarrollo y crecimiento. No es lo que hiciste ayer con una pequeña porción de tu potencial lo único que importa, sino lo que harás hoy y mañana con el enorme potencial que te queda por descubrir en ti mismo.

Es necesario que te extiendas y te animes a creer. Una semilla es sinónimo de vida, de nacimiento, de algo nuevo que se está por gestar, de un alumbramiento.

Recuerda que aun no has desatado todo el potencial que el Señor te otorgó desde que te creó. Por eso tienes que creer que en tu misma esencia tú eres esa mujer que el Señor capacitó y dotó desde el principio.

«No es que ya lo haya conseguido todo, o que ya sea perfecto. Sin embargo, sigo adelante esperando alcanzar aquello para lo cual Cristo Jesús me alcanzó a mí. Hermanos, no pienso que yo mismo lo haya logrado ya. Más bien, una cosa hago: olvidando lo que queda atrás y esforzándome por alcanzar lo que está delante, sigo avanzando hacia la meta para ganar el premio que Dios ofrece mediante su llamamiento celestial en Cristo Jesús» (Filipenses 3:12-14).

Desarrolla, cuida y cultiva tu potencial. Cultivar es labrar y sembrar, pero también es cuidar de la planta ya germinada, e implica por consiguiente una buena provisión de agua. Por eso es esencial que te mantengas apegada a la fuente inagotable de recursos y de agua de vida que es Cristo Jesús.

Estas semillas que están atesoradas en tu corazón necesitan ser regadas también con la Palabra de Dios. La Biblia es el agua de vida, el agua del Espíritu que hace que la planta se nutra, crezca, se desarrolle, se reproduzca y fructifique.

Todos los dones, las gracias y las capacidades con las que el Señor te ha dotado son pequeñas semillas albergadas en tu corazón. De ti depende que crezcan y se desarrollen al máximo. Por eso también debes ser cuidadosa y guardar tu corazón, ya que de él mana la vida. Es importante que seas precavida y lo defiendas de maltratos, abusos o heridas que otros procuren causarte. Si ya has atravesado cualquiera de estas cosas, recibe la sanidad que proviene del Señor y cumple con el destino eterno que él ha diseñado para que solo tú lo lleves adelante. Cada semilla depositada en tu corazón necesita estar sana para poder germinar y dar fruto.

Defiende lo que Dios te ha dado. No permitas que el enemigo, las huestes espirituales de maldad o alguna persona, dañen lo que el Señor ha sembrado. Nadie podrá lastimarte si tú no se lo permites. Aprende a usar los límites que vienen de Dios.

Luz y alimento, necesarios para crecer

También, como toda semilla, necesitarán de la luz que acompaña todo el proceso de gestación. Por esto es esencial una vida de oración y devoción. Busca intimidad con el Señor. Así como el salmista David decía que su alma tenía sed de Dios como el ciervo brama por las corrientes de las aguas, de la misma manera desea con desesperación encontrarte con el Amado de tu corazón. No basta la oración congregacional; deléitate en la presencia del Señor en lo privado de tu habitación.

El fervor en la oración, la lectura de la Palabra y de otra literatura cristiana será de vital importancia en tu vida devocional. Ellas alimentarán tu vida, te sostendrán en momentos de dificultad y serán bálsamo y aceite fresco para tu alma y espíritu.

A pesar de las dificultades que puedan presentarse, mantente firme en el propósito para el cual Dios te ha predestinado. No permitas que nada te distraiga de tu objetivo, ni el tiempo, ni los recursos económicos, ni tu pasado, ni las tradiciones. Lucha por lo que el Señor te ha dado. Fortalécete en tu Señor y haz prosperar tus talentos. No los entierres, úsalos y compártelos con otros, pues compartir no es otra cosa que contribuir, cooperar y acompañar.

Todo tu potencial crece y aún puedes recibir más, cuando abres tu mano y te atreves a compartirlo con otros.

El potencial no existe por sí solo. El verdadero potencial y la realización en la vida no es lo que hayas alcanzado ayer, sino lo que proyectas hoy para beneficio de tus próximas generaciones. ¡Que tu anhelo sea dejar huella en otros y ser de bendición para muchos!

No te restrinjas. Recuerda que tú eres una mujer de fe y sin límites. Pero si aún hubiera algo en tu interior que te retiene, confróntalo. Enfrenta tus temores, memorias pasadas, fracasos, o cualquier situación que te paraliza a seguir hacia adelante.

Las dudas limitan. El pasado afecta el presente. Las traiciones que sufriste ayer pueden estorbarte si no logras perdonar a quienes las causaron. No permitas que las experiencias de vida que has tenido y te han herido te limiten en tu caminar con el Señor. Piensa que el futuro que te aguarda es mejor. Con Jesús, siempre lo que está por venir es mejor.

Pero es verdad que hay otra clase de límites. No son aquellos limitantes humanos que te estancan e inmovilizan impidiéndote cumplir con el propósito de Dios, sino que son cercos que el Señor usa para protegerte de la influencia del mal y para resguardar el potencial que se alberga en tu corazón. Ellos son el conocimiento de la Palabra de Dios y tu obediencia.

La obediencia genera bendición

La obediencia traerá bendición a tu generación y a las que te siguen. Sé obediente y verás el fruto de tu obediencia. Sé precavida en atender cada uno de los mandamientos del

Señor. El bien y la misericordia te seguirán todos los días de tu vida y verás cumplidos todos tus sueños y anhelos. Permite que su luz admirable crezca en ti cada día.

Sé integra y responsable en cada área de tu vida; cumple con los trabajos asignados. Sé ejemplo donde quiera que te desempeñes. Mantente en sujeción a las autoridades superiores. El someterte a las autoridades es un mandato divino, y obedecerles debe ser tu deleite y gozo. Así que elige y decide voluntariamente reconocer la autoridad de quienes te dirigen. Tú destino y tu propósito se cumplirá cuando eres humilde y te sujetas a tus mentores espirituales.

Tú eres una mujer exitosa porque eres una mujer con propósito. Por eso debes asegurar ese éxito protegiendo tu potencial también con el conocimiento de la Palabra de Dios y de su voluntad en tu vida. El no conocer su Palabra puede llevarte a la desobediencia, y en consecuencia a un paso falso de transgresión y maldición. Cuando violas las leyes de Dios hay consecuencias para tu vida y la de tu descendencia, si no te arrepientes a tiempo. Hay un precio que pagar. Tendrás que ser restaurada y levantarte una vez más.

El ministerio exige vidas santas porque es cosa seria, y como tal tiene que ser respetado. A Dios se lo respeta. La casa de Dios se respeta. El líder puesto por Dios se respeta. Confronta aspectos como estos que son los que limitan, y enfréntalos con autoridad en el nombre de Jesús. Te aseguro que de este modo tu potencial se desatará y se multiplicará influyendo en muchas mujeres.

Eres valiosa para Dios

Dios sabe lo que puso en ti y te valora, pues este tesoro lo ha depositado él y se ha alegrado al hacerlo. Quizás tu familia no haya descubierto aún quién eres y lo que tu corazón guarda y posee. Pero no te impacientes, Dios, que conoce lo profundo de tu corazón lo sabe. Podrás hacer todo lo que él te encomiende. Descubre cada semilla que está esperando ser cultivada para germinar y dar a luz cosas grandes y ocultas que el Señor preparó para tu vida. Desarróllate, entrénate, ejercítate en tu propósito. No esperes que otra persona ocupe tu lugar o haga lo que tú deberías hacer. Cumple con tu llamado sin limitaciones. La bendición del Padre está contigo. Si tomas cada una de las llaves que Dios te ha dado para que tu potencial sea maximizado, entonces se abrirán nuevas puertas de bendición.

¿Has pensado cuáles son sus semillas? Búscalas, están dentro de ti. Toda habilidad, todo talento y toda capacidad que provienen de Dios están allí para ser usadas al máximo de su poder. Lo que disfrutas hacer y las destrezas que tienes para llevar adelante las cosas están íntimamente relacionadas al don que posees. Si todavía no conoces tu don y no sabes cual es tu potencial en Dios, debes hacer un alto y tomar tiempo para realizar un inventario de tus dones y habilidades.

Comienza en primera instancia buscando aquello que te resulta de interés o a lo que entiendes que el Señor te está llamando, y persíguelo. Quita el polvo de tus semillas y cultívalas. Riégalas con el agua de vida que viene de

Cristo Jesús hasta que germinen. De seguro que aun te queda mucho por hacer, negocios que levantar, empresas que establecer, invenciones que desarrollar. ¿Cuántas misiones habrá que levantar en otros países, cuántos lugares por evangelizar y anunciar la Verdad de Dios a sus habitantes; cuántas escuelas, orfanatos, asilos de ancianos y hogares están esperando que alguien les proclame las Buenas nuevas de salvación? No importa cuales sean los recursos disponibles, si tú tienes una misión que llevar adelante de parte del Señor, realízala. Él no deja ninguna obra incompleta, y lo que se propuso hacer lo cumplirá. Dios no tiene límites, tú tampoco si te aferras a su poder. No le robes a tu generación ni a la próxima la riqueza y el tesoro que está dentro de ti. Usa todo lo que Dios te ha dado para bendecir a los demás.

Se cuenta la historia de un hombre que era muy rico. Así que ordenó talar todos los árboles que estaban plantados en el jardín de su mansión. Eran arboles de muchos años, robustos, frondosos, con troncos fuertes y de diámetros imponentes. Sus raíces eran profundas, pero con todo, había decidido deshacerse de ellos. Quizás hasta ignoraba su valor, pues para su entendimiento esos árboles no tenían significado alguno.

Cuando los obreros ya los habían colocado en la vereda para arrojarlos junto a los residuos, un vecino pasó por allí. Al verlos se detuvo frente a la casa y pensó que podría hacer algo con ellos. Tocó la puerta y le preguntó al dueño qué haría con esos troncos. Aquel hombre respondió: «Son basura. No sirven para nada». A lo que el vecino, interesado, inquirió:

«¿No serán de utilidad para usted?». «De ninguna manera, no son más que desperdicio. Disponga usted como mejor le parezca», respondió el hombre adinerado. Entonces el vecino, que era un artista, de profesión escultor, le pidió que se los obsequiara. El dueño de la mansión no dudó en decirle inmediatamente que sí, ya que de este modo los quitaría del frente de la casa y no tendría que preocuparse por llamar a alguien para que los moviera de allí y pagar por ese servicio.

El escultor, agradecido, los seleccionó y los llevó de a poco a su casa. Tomó con gran destreza uno de los troncos y dedicó muchas horas del día trabajando en su madera. Esculpía, tallaba y refinaba cada listón del tronco. Parecía que aquella tarea nunca terminaría. Sin embargo, ese tronco rústico, grotesco y hasta salvaje se convirtió en una hermosa ave con sus alas extendidas. De frente a su rostro se hallaba una majestuosa águila realizada totalmente en madera. Aquel árbol podado, con sus raíces que se extinguían ya casi sin vida en el pavimento había tomado forma, y ahora se erguía de manera maravillosa.

Así que el artista, feliz de lo que había logrado, decidió colocar su obra acabada en el parque de su casa. Todos contemplaban lo imponente que se veía el águila al pasar por la calle. Hasta que un día, aquel hombre rico caminando por la vereda de su vecino, observó con detenimiento lo que estaba frente a sus ojos. No podía salir de su asombro. Pero atónito todavía, decidió ofrecerle al artista una cuantiosa suma de dinero para que se la vendiera. El escultor hizo un silencio y luego respondió: «Esta pieza es tan valiosa que no existe hombre alguno en esta tierra que pueda pagar lo que realmente vale».

Ese artista no se dejó envolver por la apariencia de los troncos. Él pudo ver lo que el propio dueño de este terreno no había valorado ni apreciado. Lo que para uno era basura y sin valor, en las manos del escultor resultó ser una pieza única de incalculable estima.

Del mismo modo, Dios se conecta con su criatura para transformarla y sacar de ella lo mejor de sí.

Cada don, talento o gracia que tú posees han sido regalos especiales del Señor para tu vida. Tú y yo somos como los troncos de esos árboles: Rústicos, ásperos, con astillas y sin forma. Pero Dios, el Escultor por excelencia, nos ha tomado para tallarnos, moldearnos, refinarnos, y llevarnos a la misma medida de la plenitud de Cristo. Quizás no seas un águila, pero ten por seguro que serás lo que Dios quiere que seas. Él te ha soñado desde antes de la fundación del mundo, y ningún detalle escapa a su mano poderosa.

Permite que el Señor obre en tu vida conforme al propósito para el cual te ha creado, y serás portadora de un destino de gloria en Cristo Jesús.

Conclusión

Hace varios meses he leído un relato maravilloso que recorre las casillas de e-mails de miles de personas, pero cada vez que vuelvo a leerlo me emociona nuevamente.

El único defecto en la mujer

Para cuando Dios hizo a la mujer, ya estaba en su sexto día de trabajo de horas extras. Un ángel apareció y le dijo:

—¿Por qué pones tanto tiempo en esta creación?

Y el Señor contestó:

—¿Has visto mi hoja de especificaciones para ella? Debe ser completamente lavable, pero no ser de plástico, tener más de 200 piezas movibles, y ser capaz de funcionar con una dieta de cualquier cosa y sobras. Debe tener un regazo que pueda acomodar cuatro niños al mismo tiempo.

Debe tener un beso que pueda curar desde una rodilla raspada hasta un corazón roto, y lo hará todo con solamente dos manos.

El ángel se maravilló de los requisitos.

—Solamente dos manos... ¡Imposible! ¿Y este es solamente el modelo estándar? Es demasiado trabajo para un día... Espera hasta mañana para terminarla.

—No esperaré, protestó el Señor. Estoy tan cerca de terminar esta creación que es la favorita de mi propio corazón. Ella se cura sola cuando está enferma y puede trabajar días de dieciocho horas.

El ángel se acercó más y tocó a la mujer.

—Pero la has hecho tan suave, Señor.

—Es suave —dijo Dios—, pero la he hecho también fuerte. No tienes idea de lo que puede aguantar o lograr.

—¿Será capaz de pensar? —preguntó el ángel.

Dios contestó:

—No solamente será capaz de pensar, sino también de razonar y de negociar.

El ángel entonces notó algo, y estirando la mano tocó la mejilla de la mujer...

—Señor, parece que este modelo tiene una fuga... te dije que estabas tratando de poner demasiadas cosas en ella

—Eso no es ninguna fuga. Es una lágrima —lo corrigió el Señor.

—¿Para qué es la lágrima? —preguntó el ángel.

Y Dios dijo:

—Las lágrimas son su manera de expresar su dicha, su

pena, su desengaño, su amor, su soledad, su sufrimiento y su orgullo.

Esto impresionó mucho al ángel.

—Eres un genio, Señor, pensaste en todo. La mujer es verdaderamente maravillosa.

—¡Lo es! La mujer tiene fuerzas que maravillan a los hombres. Aguantan dificultades, llevan grandes cargas, pero tienen felicidad, amor y dicha. Sonríen cuando quieren gritar. Cantan cuando quieren llorar. Lloran cuando están felices y ríen cuando están nerviosas. Luchan por lo que creen. Se enfrentan a la injusticia. No aceptan «no» por respuesta cuando ellas creen que hay una solución mejor. Se privan para que su familia pueda tener. Van al médico con una amiga que tiene miedo de ir. Aman incondicionalmente. Lloran cuando sus hijos triunfan y se alegran cuando sus amistades consiguen premios. Son felices cuando escuchan sobre un nacimiento o una boda. Su corazón se rompe cuando muere una amiga. Sufren con la pérdida de un ser querido, sin embargo son fuertes cuando piensan que ya no hay más fuerza. Saben que un beso y un abrazo pueden ayudar a curar un corazón roto. Sin embargo, hay un defecto en la mujer: «Se olvida cuánto vale».

Nunca te olvides que Dios te hizo valiosa, que eres una *Mujer sin límites*.

Si quieres compartir tu testimonio con nosotros
o si deseas hacernos llegar tu pedido de oración,
puedes hacerlo a:

Dra. Zelided Santiago
Tabernáculo Internacional
E.S. Ministries Inc.
2390 S. Military Tr.
West Palm Beach, Fl. 33415.
Email: info@rompiendoloslimites.org
Tel: 561-966-7900

NOTAS

Nos agradaría recibir noticias suyas.
Por favor, envíe sus comentarios sobre este libro
a la dirección que aparece a continuación.
Muchas gracias.

Editorial Vida®
.com

vida@zondervan.com
www.editorialvida.com

www.ingramcontent.com/pod-product-compliance
Lightning Source LLC
Chambersburg PA
CBHW011759040426
42447CB00015B/3451
* 9 7 8 0 8 2 9 7 5 5 6 4 0 *